생각이 크는 인문학

식량 위기

생각이 크는 인문학

27 식량 위기

글 남지현·남재철 그림 방상호

을파소

차례

머리말 … 6

[제1장] 식량이 우리 삶에 얼마나 중요할까?

1 식량이란 무엇일까? … 10
2 문명은 왜 큰 강 근처에서 시작되었을까? … 15
3 세종대왕은 왜 농사에 관심이 많았을까? … 18
4 우리 조상들은 왜 기우제를 지냈을까? … 22
5 사람들은 왜 식량 위기를 잘 느끼지 못할까? … 26
★ 보릿고개와 녹색 혁명. 우리나라가 배고픔을 이겨 낸 이야기 … 30

[제2장] 지금 세계는 어떤 식량 위기를 겪고 있을까?

1 우리의 식생활은 식량 위기와 어떤 관계가 있을까? … 34
2 식량은 충분한데 왜 굶는 사람이 있을까? … 39
3 기후 변화가 밥상을 바꾸고 있어요! … 43
4 전쟁은 식량 위기에 어떤 영향을 줄까? … 47
★ 기후 변화와 동식물의 서식지 … 52

[제3장] 식량 위기가 무서운 진짜 이유

1 굶주림은 사람에게 어떤 영향을 줄까? … 56
2 식량 부족이 자연환경을 망가뜨릴 수도 있을까? … 60
3 식량 문제로 갈등이 생기기도 해요! … 66
4 식량 불평등은 사회 정의에 어떤 영향을 미칠까? … 71
★ 식량 위기의 나비 효과, '아랍의 봄' 이야기 … 75

[제4장] 우리나라는 식량 위기에서 안전할까?

1 우리나라도 식량 위기를 겪을 수 있을까? … 80
2 도시가 커질수록 농촌은 어떻게 변할까? … 85
3 우리 주변의 식량 취약층은 누구일까? … 90
4 수입 식품에 많이 의존해도 괜찮을까? … 94
★ 농산물의 적정 온도. 작물도 기후를 느낀다! … 100

[제5장] 식량 위기를 어떻게 극복할 수 있을까?

1 세계는 식량 위기에 어떻게 대응하고 있을까? … 104
2 기술이 식량 문제를 해결할 수 있을까? … 107
3 음식물 쓰레기를 줄이는 것이 왜 중요할까? … 112
4 지구를 살리는 똑똑한 식생활을 시작해요! … 116
★ 우주에서는 무엇을 먹을까? … 121

머리말

우리가 매일 먹는 음식, 어디에서 왔는지 궁금해 본 적 있나요? 밥 한 공기, 과일 한 조각, 간식 한 봉지에도 수많은 이야기와 정성이 담겨 있어요. 그런데 세계 곳곳에서는 어떤 사람들은 배고픔에 시달리고, 또 어떤 사람들은 음식을 낭비하면서 환경을 오염시키고 있지요. 이런 극단적인 상황 속에서 우리의 식탁은 과연 안전하고 지속 가능할까요?

식량 문제는 단순히 가난한 나라만의 이야기가 아니에요. 기후 변화로 식량 생산량이 줄어들고, 전쟁과 갈등으로 식량 공급이 끊어지고, 농업의 산업화로 환경이 파괴되는 일은 전 세계가 겪고 있는 현실이지요. 우리가 먹는 음식이 어디에서 왔는지, 어떻게 생산되고 분배되는지 모른다면, 식량 문제는 점점 더 심각해질 거예요.

그러면 청소년 여러분이 식량 문제를 알아야 하는 이유는 뭘까요? 바로 여러분이 미래의 주인공이기 때문이에요. 식량 문제는 단순히 먹고 사는 문제를 넘어 환경, 경제, 기술, 윤리 등 여러 분야와 연결되어 있어요. 미래에도 건강하고 안전한 식탁을 지키려면, 지금부터 우리가 문제를 이해하고 해결책을 찾아야 해요.

이 책에서는 식량을 둘러싼 다양한 이야기를 들려줄 거예요. 사람들이 역사적으로 어떻게 식량을 생산하고 나누어 왔는지, 지금의 식량 시스템에는 어떤 장점과 문제점이 있는지, 그리고 앞으로 어떤 변화가 필요할지 함께 생각해 보려고 해요. 그럼 여러분이 매일 먹는 음식이 단순한 한 끼 식사가 아니라, 우리 사회는 물론 지구 전체와도 연결된 중요한 요소라는 걸 알게 될 거예요.

혹시 초콜릿이 어떻게 만들어지는지 궁금해 본 적 있나요? 초콜릿의 원료인 카카오는 주로 아프리카와 남미에서 자라는데, 그 지역에서는 어린아이들이 카카오를 다듬는 일을 하는 경우가 많아요. 기후 변화로 인해 카카오 농사가 어려워지는 지역이 늘어나고 있고요.

이런 이야기를 들으면 "그럼 나는 뭘 할 수 있지?" 하고 고민될 수도 있어요. 하지만 걱정하지 마세요! 우리가 할 수 있는 일은 생각보다 많아요. 우선, 음식을 더 관심 있게 바라보는 게 중요해요. 먹을 것을 고를 때 어디에서 왔는지, 친환경적으로 생산된 건지 한 번 더 생각해보면 좋겠지요. 그리고 필요한 만큼만 소비하고 낭비하지 않는 것도 중요해요. 여러분이 식량 문제에 관심을 가지고 실천해 준다면, 우리의 미래 식탁은 안전해질 거예요.

이 책을 통해 식량과 환경, 그리고 우리 사회의 관계를 더 깊이 이해하고, 여러분의 삶에서 작은 변화를 시작해 보세요. 우리의 식탁을 안전하고 건강하게 만들기 위한 여정은 지금부터 시작이에요. 이 책을 통해 식량 위기를 극복하기 위한 마음가짐과 실천 방법을 생각해 보길 바랍니다.

2025년 12월

남지현 · 남재철

제1장

식량이 우리 삶에 **얼마나** 중요할까?

식량은 에너지를 공급하고
건강을 유지하는 생물학적 기능 외에도,
음식을 통해 문화를 공유하고 관계를 맺는 등
삶의 즐거움을 주고, 사회적 관계를 구성하는 데에도
중요한 역할을 해요.

1 식량이란 무엇일까?

여러분은 오늘, 무엇을 먹었나요? 우리는 아침, 점심, 저녁에 먹는 식사, 중간중간 먹는 간식 등 하루에 몇 차례 음식을 먹어요. 음식은 사람이 살기 위한 기본적인, 그리고 필수적인 조건 중 하나인 만큼 우리 삶에 큰 부분을 차지해요. 음식을 한자로 보면 '飮(마실 음) + 食(밥/먹을 식)', 즉 사람들이 먹고 마실 수 있도록 만든 것을 말해요. 그렇다면 음식과 식량은 어떤 차이가 있을까요? 식량은 '食(밥/먹을 식) + 糧(양식 양)'으로, 사람이 생존을 위해 필요한 먹거리를 뜻해요. 따라서 식량을 조리하고 가공해서 만든 것이 음식이라는 거예요. 식량인 고기, 달걀, 채소, 쌀 등을 그대로 먹을 수는 없으니까요.

우리가 매일 먹는 밥, 빵, 고기, 채소, 과일 같은 식량은 단순히 끼니를 해결하는 수단일까요? 물론 배고픔을 해결하는 것이 제일 중요해요. 사람은 식량을 통해 몸을 움직일 수 있는 힘을 얻거든요. 때문에 식량은 인간의 생존과 건강을 책임지는 기본 자원이자, 나아가서는 자연환경, 그리고 나라와 나라가 연결된 복합적인 요소예요. 먹는다는 행위는 개인의 일이지만, 그 식량이 어디서 왔고 어떻게 만들어졌는지를 따라가 보면 식량은 사회, 경제, 환경과도 깊은 관련이 있음을 알 수 있답니다.

다시 돌아와서 식량에 대해 구체적으로 알아볼게요. 식량이란 기본적으로 사람이 먹을 수 있는 모든 것을 말해요. 쌀, 밀, 보리, 콩과 같은 곡물과 채소, 과일뿐 아니라, 고기, 생선, 달걀, 우유, 해조류, 버섯 등도 식량에 포함되지요. 이런 식량들은 자연에서 얻거나 농·축·수산업을 통해 생산돼요. 식량은 단순히 '양'만이 아니라 '질'도 중요해요. 즉 얼마나 많이 먹느냐보다 어떤 영양소를 어떻게 섭취하느냐가 건강에 더 큰 영향을 주기 때문이에요.

사람이 움직이고, 말하고, 생각하기 위해서는 반드시 에너지가 필요해요. 배가 고프면 기운이 없어서 달리기도 못하겠고, 책도 눈에 들어오지 않아요. 예민해지거나 귀찮아지고 머릿속에는 밥 먹고 싶다는 것 말고는 다른 생각도 잘 떠오르지 않을 거예요. 반면 음식을 먹고 나면 기분도 좋아지고 몸에 힘이 넘치는 게 느껴져요. 이렇듯 식량은 사람의 몸에 영양소와 에너지를 공급하는 등 건강을 유지하는 생물학적 기능 외에도, 삶에 즐거움을 주고 다른 사람과의 관계가 형성되며 사회를 구성하는 데도 중요한 역할을 해요.

배고플 땐 내가 제일 먼저 떠오를걸!

먹는 것이 다른 사람과의 관계에 중요한 역할을 하는지 모르겠다고요? 생각해 보세요. 여러분은 학교에서 점심을 먹으며 친구들과 즐거운 이야기를 나누지요? 어른들은 다른 사람들과 친해지고 싶을 때 식사 약속을 하는 경우가 많아요. 편한 분위기에서 함께 음식을 먹으며 친분을 쌓기 수월하거든요.

이렇듯 '먹는다'는 행위는 사람에게 아주 중요해요. '식구'라는 말도 '食(먹을 식) + 口 (입 구)', 즉 끼니를 함께 하는 입(사람)이라는 뜻일 정도로 말이에요.

또한 음식을 통해 전 세계 사람들은 문화를 공유하며 관계를 맺어요. 어떤 나라에서 어떤 음식을 먹느냐는 그 나라의 자연환경, 역사, 경제 상황까지 반영하는 중요한 지표가 돼요. 비빔밥 하면 대한민국, 피자는 이탈리아, 커리는 인도, 초밥은 일본이 연상되는 것처럼 음식이 그 나라를 대표하기도 하고요. 그래서 식량은 단순히 음식이 아니라 사람과 사회, 국가를 연결하는 매개체라고 할 수 있답니다.

하지만 오늘날 전 세계적으로 식량 문제는 점점 심각해지고 있어요. 유엔 식량농업기구(FAO: Food and Agriculture Organization)에 따르면 매년 전 세계에서 생산되는 식량의 약 3분의 1이 버려지는 반면, 8억 명 이상의 인구가 충분한 식사를 하지 못하고 있다고 해요. 어떤 나라는 식량이 넘쳐나 다 소비하지 못하고 버려지는데, 다른 나라는 최소한의 식량도 부족해 굶어 죽는 사람이 많다는 것이 현실이에요. 이는 단순

히 식량 생산량의 문제가 아니라, 식량의 분배와 접근성 문제에서 비롯되었지요.

    식량은 기후와도 깊이 연결되어 있어요. 특히 농업은 물, 땅, 에너지 등 다양한 자원을 사용하는 산업이기 때문에 기후 변화에 큰 영향을 받아요. 가뭄이 들거나 홍수가 나면, 또 너무 덥거나 너무 추우면 농작물이 잘 자라지 못하기 때문이에요. 수산업도 마찬가지예요. 기후 변화는 수온도 변화시키는데, 그럼 바다나 강에 살던 생물에도 영향을 끼치거든요.

반면 축산업은 기후 변화에 큰 영향을 주고 있어요. 고기를 생산하기 위해 가축을 기르면서 필요한 사료와 물의 양, 온실가스 배출량은 생각보다 매우 크기 때문이에요. 자연환경에 최대한 해를 끼치지 않는 친환경 방식으로 재배한 농산물은 환경 부담이 덜하지만 접근성이 떨어지거나 값이 비싸다는 단점이 있어요.

식량 위기의 시대라 불리는 지금, 이제는 식량을 둘러싼 불평등과 환경 문제는 결국 인류 모두가 함께 풀어야 할 과제가 되었어요. 과잉 소비와 음식물 쓰레기, 수입 식품 의존, 식량 자급률 저하와 같은 문제들은 모두 우리의 일상과 연결되어 있으니까요. 식량 위기를 단순히 '남의 일'로 여기지 않고, 나의 선택과 행동이 어떤 영향을 주는지를 생각하는 것이 중요해요.

식량은 더 이상 단순한 '음식'이 아니에요. 그것은 생존이고, 건강이며, 경제와 환경, 사회 정의, 그리고 미래와 직결되어 있어요. 우리가 매일 식탁 위에서 어떤 식량을 선택하고 소비할지 결정하는 것이, 동시에 이 세계의 방향도 함께 결정하는 거예요. 앞으로 이 책에서는 식량이 왜 위기에 처했는지, 그 위기가 우리의 삶과 어떤 관계가 있는지를 함께 살펴보게 될 거예요. 여러분의 한 끼가 세상을 바꿀 수 있다는 사실을 알면 '식량 위기'가 조금은 실감 나겠지요?

2 문명은 왜 큰 강 근처에서 시작되었을까?

 인류가 무리지어 살며 한곳에 정착해 농사를 짓기 시작한 건 약 1만 년 전부터예요. 그전까지는 먹을 것을 찾아 사냥하거나 열매를 따며 이곳저곳을 떠돌아다녔어요. 그런데 농사를 짓게 되자 사람들은 더 이상 이동하지 않아도 되었고, 땅을 일구고 마을을 만들어 한곳에 자리를 잡고 살 수 있게 되었어요. 흥미로운 점은, 이처럼 농업이 시작되고 문명이 생겨난 지역이 대부분 큰 강, 특히 강 하류에 있는 넓은 평야 근처였다는 거예요.

 대표적인 고대 문명인 메소포타미아, 이집트, 인더스, 황허 문명은 각각 유프라테스강과 티그리스강, 나일강, 인더스강, 황허강 주변에서

▲ 세계 4대 문명 발상지

발전했어요. 이 문명들은 모두 농업이 가능한 환경에서 시작되었고, 그 중심에는 풍부한 물과 비옥한 땅을 가진 큰 강과 평야가 있었어요. 왜 하필 이런 곳에서 문명이 생겨났을까요?

가장 큰 이유는 농사를 짓기에 좋은 조건이 있었기 때문이에요. 큰 강은 농작물에 필요한 물을 지속적으로 공급해 주었고, 강 하류에 쌓인 흙에는 영양분이 풍부해 작물이 잘 자랄 수 있는 땅이 되었어요. 그곳에 사람들이 하나둘씩 모였고 서로 힘을 보태 농사를 지었어요. 곧 안정적인 식량 생산이 가능해지자 점차 많은 사람들은 이 지역에 정착했고, 마을을 이루기 시작했어요.

시간이 흘러 농업 기술이 발전하면서 식량이 남기 시작했어요. 이를 '잉여 식량'이라고 하는데, 이 잉여 식량 덕분에 마을의 모든 사람이 농사만 하지 않아도 되었어요. 농사 외에 다른 일을 할 수 있는 여유가 생겨 가축도 기를 수 있게 되었고요. 어떤 사람은 농기구를 만들고, 어떤 사람은 곡식을 저장하거나 나누는 일을 했어요. 또한 곡식과 마을을 지키는 사람, 신을 섬기는 사람, 기록을 남기거나 법을 만드는 사람들이 생겨났지요. 이렇게 역할이 나뉘면서 마을은 점점 커졌고, 결국 큰 문명으로 발전하게 된 거예요.

잉여 식량이 늘어나면서 생긴 또 다른 변화는 '권력'이에요. 곡식을 모으고 저장하는 사람은 점점 더 중요한 사람이 되었고, 그 사람에게 책임과 결정권이 동시에 주어졌어요. 결국 농업을 조직적으로 운영하는 사람들이 생기면서 지배와 피지배 구조가 나타난 거예요. 지배자는 농사를 지을 수 있는 넓은 땅을 소유했고, 땅이 없는 사람은 피지배자가 되어 지배자의 땅에서 농사만 지었어요. 결국 왕, 귀족, 제사장 같은 계층이 등장했고, 군대와 법, 종교 같은 제도도 함께 생겨났어요.

강은 단지 물을 제공하는 데 그치지 않고, 사람과 물건이 오가는 길 역할도 했어요. 배를 띄워 곡물이나 물건을 옮기거나 다른 마을과 교류하면서 무역이 이루어졌고, 새로운 기술과 문화도 퍼져 나갔어요. 이처럼 강은 문명 간 교류와 성장의 통로가 되었고, 이를 통해 문명은 더 크고 복잡하게 발전할 수 있었답니다.

이런 자연환경의 영향은 오늘날에도 이어지고 있어요. 우리가 알고 있는 세계의 주요 도시들도 대부분 강이나 바다가 근처에 있어요. 서울은 한강, 파리는 센강, 런던은 템스강을 중심으로 발전했어요. 이를 통해 강은 여전히 인간의 삶과 경제, 문화의 중심에 있는 공간이라는 사실을 알 수 있어요.

 결국 큰 강과 넓은 평야는 단지 자연환경이 아니라, 인간의 삶과 문명을 만들어 낸 기반이었어요. 안정적인 식량 생산이 사람들을 모이게 했고, 사람들의 모임은 사회를 만들고 문명을 탄생시켰어요. 우리가 사는 세상도 물과 땅이 제공한 '살 수 있는 조건' 위에서 시작된 거예요. 그래야 사람이 먹을 식량을 개발할 수 있으니까요. 식량이 문명을 만들었다는 말, 맞는 말이지요?

3 세종대왕은 왜 농사에 관심이 많았을까?

 우리가 흔히 세종대왕을 떠올릴 때 가장 먼저 생각나는 것은 한글 창제*일 거예요. 백성을 위해 글자를 만들었다는 업적 덕분에 세종대왕은 '애민 정신'의 상징이 되었어요. 그런데 한글 외에도 세종대왕이 특히 중요하게 여겼던 일이 있었어요. 바로 '농사'였어요. 세종대왕은 왜 농사에 그렇게 큰 관심을 가졌을까요?

우리나라는 예부터 농업 중심의 나라였어요. 삼국 시대에는 철로 만든 농기구와 소를 이용해 밭을 가는 방법도 사용되었다고 해요. 이는 쌀을 대량 생산했다는 뜻이에요. 하지만 밭농사가 주로 이루어져 쌀보다 보리 농사가 더 잘 되었다고 해요. 점점 농사 기술이 개발되어 고려 시대로 와서는 논농사가 중심이 되었어요. 다양한 농기구가 만들어졌고, 논농사는 물을 많이 필요로 하기 때문에 수리 시설이 활용되었어요. 백성 대부분이 농사를 지을 만큼 농업이 경제 중심이 되었지요. 조선도 마찬가지였어요. 대부분의 백성들은 농사를 지으며 살아갔고, 나라의 경제도 농업 생산에 크게 의존하고 있었지요. 그만큼 농사가 잘 되느냐 못 되느냐는 단지 한 해의 수확을 넘어, 백성의 삶과 나라의 안정을 좌우하는 중요한 문제였어요. 세종대왕은 백성이 배불리 먹어야 나라가 평안하다는 것을 누구보다 잘 알고 있었어요. 그래서 세종대왕은 농업 기술을 발전시키고, 백성들이 안정적으로 농사를 지을 수 있도록 다양한 제도를 마련했어요.

먼저 세종대왕은 날씨에 따른 농사의 어려움을 줄이기 위해 천문학

＊**창제** 전에 없던 것을 만들어 내거나, 제도나 법률을 만들어 정함.
＊**수리 시설** 저수지나 보(물의 흐름을 조절해 논에 물을 대는 장치) 등 물을 저장하고 필요한 곳에 공급하는 구조물.

과 역법*에도 많은 관심을 가졌어요. 해와 달의 움직임을 정확히 관찰하고, 절기를 기준으로 농사 시기를 정확하게 예측하려 했어요. 지금 우리가 사용하는 24절기 역시 이 시기에 더욱 정교해졌고, 농민들은

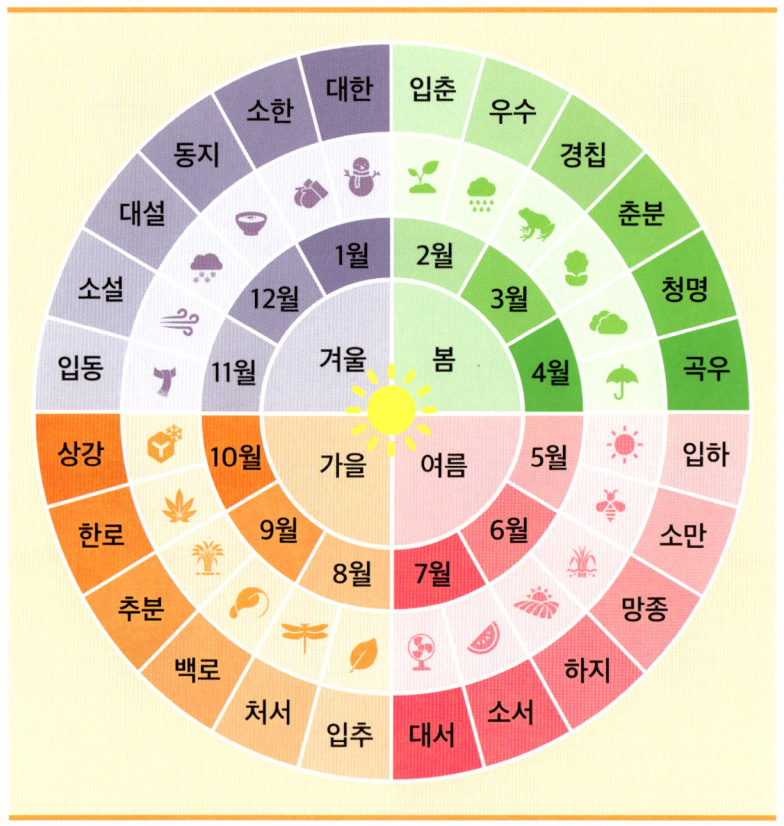

▲ 태양의 움직임에 따른 계절의 변화를 24개로 나눈 달력, 24절기

* **역법** 우주에 있는 행성, 혜성, 성단 등의 주기적인 움직임을 기준으로 하여 한 해의 절기나 달, 계절을 정하는 방법.

계절 변화에 따라 농사 일정을 구체적으로 계획할 수 있게 되었지요.

또한 『농사직설』이라는 책을 편찬했어요. 세종대왕이 직접 편찬을 지시한 『농사직설』은 우리나라 역사상 최초로 만든 농서로, 각 지역의 실제 농부들에게서 농사 방법을 물어 그 내용을 담았어요. 이전까지는 중국의 책을 참고했지만, 『농사직설』은 우리나라의 기후와 땅에 맞는 방법들을 정리한, 말 그대로 '한국형 농사 교과서'였던 셈이지요.

뿐만 아니라 세종대왕은 가뭄이나 홍수가 일어났을 때 백성들의 피해를 줄이기 위해 빠르게 대처했어요. 실제로 세종대왕 시기에는 가

뭄이 들면 왕이 직접 기우제를 올리고, 곡식을 풀어 백성에게 나누어 주도록 했어요. 농사를 단순한 생산 활동이 아니라 '국가가 책임져야 할 백성의 생명선'으로 여긴 거예요.

세종대왕은 학문과 과학을 발전시키는 데 집중한 왕이었지만, 그 중심엔 늘 백성의 삶이 있었어요. 한글을 만든 것도, 달력을 정비한 것도, 책을 편찬한 것도, 여러 가지 기구를 만든 것도 결국은 백성이 굶지 않고 안정된 삶을 살게 하려는 목적이었지요.

이러한 세종대왕의 농사에 대한 관심은 오늘날에도 큰 가르침을 주어요. 식량을 어떻게 생산하고, 누구에게 어떻게 나누느냐는 여전히 중요한 숙제예요. 기후 변화로 인해 농사가 어려워지는 지금, 지혜와 과학으로 식량을 지키는 노력이 필요해요. 세종대왕처럼 말이에요.

4 우리 조상들은 왜 기우제를 지냈을까?

예로부터 농사를 지으며 살아온 우리 조상들에게 가장 큰 걱정거리 중 하나는 바로 '가뭄'이었어요. 하늘에서 제때 비가 내리지 않으면 논밭은 메말라 작물이 자라지 못했으며, 결국 사람들은 굶주리게 되니까요. 지금처럼 물을 저장하는 댐이나 스프링클러, 기상청의 일기예보가 없던 옛날에는, 농사는 철저히 하늘의 뜻에 달려 있었거든요. 그래서 조상들은 비가 오지 않을 때 하늘에 간절히 기도했고, 그 기도가 바로 '기우제'라는 문화로 이어진 거예요.

기우제는 단지 종교적 제의나 미신이 아니라, 자연과 생존의 관계를 이해한 사람들이 만든 절박한 대응 방식이었어요. '기우(祈雨)'라는 말 자체가 '비를 기원한다'는 뜻인데, 이 의식은 개인이 아닌 공동체 전체가 함께 모여 하늘에 정성을 다하는 의식으로 진행되었어요. 마을 사람들은 함께 제단을 쌓은 뒤 좋은 날을 지정해 곡식과 물을 바치며 제사를 지냈어요. 어떤 지역에서는 며칠 동안 말을 아끼고 금식하며 비를 기다리기도 했지요. 강가나 산꼭대기처럼 자연과 가까운 장소에서 모두가 한마음으로 절을 올리는 모습을 떠올리면 그들의 간절함이 느껴지는 것 같답니다.

왕조 시대*에는 기우제가 더 큰 의미를 지녔어요. 특히 조선 시대에는 왕이 친히 나서서 기우제를 주관하기도 했어요. 세종대왕은 가뭄이 들면 스스로 머리를 숙이고 기우제를 올렸으며, 나라 곳곳에 명령을 내려 지방 관청에서도 함께 기우제를 지내도록 했어요. 백성들이

* **왕조 시대** 왕이 나라를 다스리던 시대.

굶주리지 않도록 저장해 두었던 곡식을 풀고, 물 부족으로 병이 퍼지지 않게 관리하며, 하늘의 뜻뿐 아니라 사람들의 삶을 직접 살폈어요. 왕이 백성과 고통을 함께 나눈다는 것은, 단순한 제사 이상의 왕권 강화를 위한 상징적인 행동이자 애민 정신의 표현이었지요.

기우제의 등장은 조선 사회가 농업 중심 사회였음을 보여 주는 강력한 증거예요. 그 시절 백성의 80~90%는 농사로 생계를 유지했고, 나라의 세금도 대부분 곡물로 걷었어요. 비가 오지 않으면 백성이 굶고, 국가 재정이 흔들렸으며, 사회 전체가 불안정해졌어요. 가뭄은 단순한 날씨 문제가 아니라 생존과 정치, 경제가 얽힌 복합적인 위기였던 셈이지요. 그렇기 때문에 하늘에 제사를 지내고 공동체가 함께 비를 기원하는 문화가 발전할 수밖에 없었던 거예요.

조상들은 하늘과 땅, 사람의 조화를 중요하게 여겼어요. 날씨와 농사의 관계를 단순히 자연 현상으로만 보지 않고, 인간의 삶과 하늘의 뜻이 이어져 있다고 믿었어요. 그래서 농사가 잘되지 않으면 사람이 잘못을 해 하늘의 노여움을 산 것이라 여겼어요. 그래서 기우제를 지내며 몸과 마음을 깨끗이 해 하늘의 응답을 기다린 거예요. 이처럼 기우제는 단순한 비나 기도의 문제가 아니라 사람과 자연, 공동체의 관계를 회복하는 행위였다고 볼 수 있어요.

오늘날에는 이런 전통적인 기우제를 거의 찾아보기 어려워요. 날씨는 과학적으로 예측되고, 관개 시설도 잘 갖추어지는 등 기후 위기에 대응하는 기술이 점점 발전했으니까요. 그리고 이제는 '신'보다 '기술·과학'을 믿기 때문이에요. 하지만 모순적이게도 과거보다 기술이 훨씬 더 발달한 지금, 여전히 우리는 기후로 인한 농업 위기를 겪고 있어요. 아니, 어쩌면 예전보다 더 심각하게요. 가뭄과 폭염, 이상 기후는 점점 잦아져 세계 곳곳에서 식량 생산량이 줄어들었고, 그 여파는 식량 가격 상승과 식량 불안으로 이어지고 있지요.

이럴 때일수록 우리는 조상들이 보여 준 공동체적 태도에서 배울 점이 많아요. 비록 비가 오지 않을 때 기우제를 지내는 방식은 바뀌었지만 기후에 대한 경외심, 자연과 더불어 살아가려는 자세, 공동체가 함께 위기에 대응하려는 마음은 지금도 꼭 필요한 가치예요. 현대의

기우제는 하늘을 향한 절이 아니라 지구를 지키기 위한 행동, 식량을 낭비하지 않는 습관, 기후 위기를 늦추기 위한 작은 실천일 거예요.

5 사람들은 왜 식량 위기를 잘 느끼지 못할까?

텔레비전을 켜면 맛있는 음식을 소개하는 프로그램이 넘쳐나고, 마트에 가면 사계절 내내 원하는 과일과 채소를 쉽게 살 수 있어요. 우리는 점심에 햄버거를 먹고, 저녁엔 회전초밥을 고르며, 배달앱을 열면 밤 11시에도 뜨끈한 국밥을 먹을 수 있는 세상에 살고 있고요. 이런 풍요로운 환경 속에서 '식량 위기'라는 단어는 너무 멀게 느껴지기도 해요. 하지만 지금 이 순간에도 전 세계의 많은 사람들은 굶주림과 영양 결핍에 고통받지만, 식량 가격은 계속해서 오르고 있어요. 그럼에도 우리는 왜 식량 위기를 피부로 느끼지 못할까요?

그 이유 중 하나는 우리가 살고 있는 사회의 식량 유통 구조에 있어요. 현대 사회는 전 세계에서 생산된 식량을 서로 주고받는 글로벌 식량망을 통해 돌아가요. 한국에서 나는 쌀뿐만 아니라, 미국산 밀, 중국산 마늘, 베트남산 고추, 뉴질랜드산 키위까지 전 세계 음식이 냉장고 안에 다 들어와 있어요. 그래서 한 지역에서 흉작*이 일어나더라도 당장 우리 식탁에는 큰 변화가 없을 수 있어요. 하지만 이는 눈에 보이지 않을 뿐, 실제로는 점점 더 많은 나라가 식량 확보에 어려움을 겪고 있다는 사실을 알아야 해요.

또 하나는 식량 가격이 소비자에게 전달되기까지 걸리는 시간차예요. 식량 원자재 가격이 오르더라도, 슈퍼마켓이나 편의점에 진열된 가공식품의 가격은 곧바로 달라지지 않아요. 유통업체나 제조업체가 일정 기간 동안 가격을 유지하거나, 정부가 물가를 조절하기도 해요. 그러다 보니 식량 위기의 충격이 현실에 다가오기까지 시간이 걸리고, 사람들은 그 심각성을 미리 느끼지 못하는 거예요. 마치 천천히 다가오는 파도처럼 말이지요.

음식물 쓰레기의 양도 우리가 식량 문제를 실감하지 못하게 해요. 한국은 전 세계에서 음식물 쓰레기를 가장 많이 버리는 나라 중 하나예요. 아직 먹을 수 있는 음식이 쓰레기통에 그대로 버려지는 일이 매일 같이 일어나요. 그러니 먹을 것이 부족하기는커녕, 오히려 넘쳐난다는 생각을 하게 해요. 먹을 것이 넘쳐난다는 착각은 결국 식량이 '당연히 존재하는 것'이라는 잘못된 인식을 만들어요. 하지만 세계에서는

*흉작 가뭄, 홍수, 병충해 등으로 농작물 수확량이 평균보다 훨씬 못 미치는 것.

여전히 8억 명 넘는 사람들이 기아 상태에 놓여 있고, 점점 더 많은 지역에서 식량을 둘러싼 갈등이 생기고 있어요.

또한 기후 변화의 영향이 아직 몸으로 느껴지지 않기 때문이기도 해요. 기온이 오르고, 비의 양이 달라지고, 해충이 늘어나면 농작물 생산량이 줄어들어요. 하지만 그 영향은 처음에는 농부들에게만 다가오고, 소비자인 우리는 한참 뒤에나 느끼지요. 게다가 이런 기후 변화가 식량 위기와 어떤 관련이 있는지에 대한 교육이나 정보는 충분하지 않기 때문에 위기의 연결고리를 놓치기 쉬워요.

무엇보다 큰 이유는 '우리 일상과 거리가 있는 문제'처럼 느껴지기 때문이에요. 식량 위기는 흔히 아프리카의 기근, 전쟁 지역의 난민, 뉴스 속 이미지로만 떠올라요. 그래서 나의 식탁과 연결되어 있다는 생

각은 잘 하지 않아요. 그러나 실제로는 우리가 고르는 음식, 남기는 음식, 사는 방식 하나하나가 전 세계 식량 시스템에 영향을 주고 있어요.

이제는 식량 위기를 막연한 미래의 재난이 아니라, 지금 이 순간 진행되고 있는 현실로 받아들여야 해요. 위기를 느끼지 못하는 것이 오히려 더 큰 위험일 수 있어요. 인식이 없으면 행동도 없고, 행동이 없으면 변화도 없기 때문이에요. 우리가 이 문제를 알아차리는 것, 그것이 식량을 지키는 첫걸음이에요.

식량 위기를 나의 위기로 받아들이는 순간, 우리는 달라진 시선으로 일상을 보게 돼요. 음식이 더 이상 당연하게 여기지 않고, 선택이 더 신중해지며, 식탁이 세상을 바꿀 수 있는 공간이 될 수 있다는 사실을 깨달을 거예요. 우리가 식량 위기를 느끼지 못했던 이유를 정확히 아는 것, 그것이야말로 위기 극복의 가장 중요한 출발점이랍니다.

보릿고개와 녹색 혁명, 우리나라가 배고픔을 이겨 낸 이야기

　여러분은 하루 세 끼 밥을 굶지 않고 먹는 게 당연하다고 느낄지도 몰라요. 그런데 불과 60~70년 전까지만 해도, 우리나라는 '오늘 저녁을 먹을 수 있을까?' 걱정해야 했던 시절이 있었어요. 그 시절 사람들은 봄이면 배가 고파서 산에서 풀을 뜯어먹기도 했다고 해요. 이 시기를 우리는 '보릿고개'라고 불러요.

　보릿고개는 겨울에 수확한 쌀이 다 떨어지고, 보리가 익기 전까지 먹을 것이 부족했던 시기예요. 특히 3월부터 6월 사이, 이 시기를 버티지 못하고 굶어 죽는 일도 있었어요. 당시에는 식량을 사 먹을 돈도 없고, 마을 전체가 땅에 의지해 살아갔기 때문에 날씨가 나쁘거나 흉작이 들면 식량 부족은 바로 위기로 이어졌지요. 어른들이 밥 대신 밀기울[*], 고구마 줄기, 도토리 가루로 끼니를 때우던 때였어요.

　이런 상황을 바꾼 계기가 바로 '녹색 혁명'이에요. 녹색 혁명은 나라의 식량 생산량을 높이려는 사회적 움직임을 말해요. 우리나라는 1960~1970년대에 농업 기술이 발전하면서 많은 변화가 일어났지요. 새로운 품종의 벼(통일벼)가 개발되고, 비료와 농약, 기계화가 보급되면서 쌀 생산량이 크게 늘었어요. 특히 통일벼는 기존 벼보다 키가 작지만 수확량

[*] 밀기울 밀을 빻아 체로 쳐 가루를 내린 후, 체에 남은 찌꺼기.

은 훨씬 많았고, 병에도 강했어요. 그 덕분에 쌀 자급률이 높아졌고, 더 이상 외국에 식량을 의존하지 않아도 되는 나라가 되었지요.

 이 변화는 단순히 식량 문제를 해결한 것이 아니었어요. 굶주림에서 벗어나면서 아이들은 학교에 다닐 수 있었고, 어른들은 농사 외의 일도 할 수 있는 여유가 생겼어요.

 지금은 냉장고에 음식이 가득하고, 식당 메뉴도 너무 많아서 오히려 고르기 어려운 세상이에요. 하지만 우리가 지금처럼 먹을 수 있게 된 건 누군가의 노력과 기술 덕분이라는 걸 잊지 말아야 해요. 보릿고개를 겪은 어르신들에게는 지금의 식탁이 기적처럼 느껴질지도 몰라요. 과거의 배고픔을 기억하는 건, 지금 우리가 왜 식량을 소중히 여겨야 하는지 알게 해 주는 열쇠랍니다.

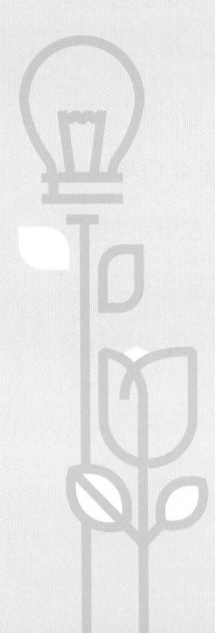

제2장

지금 세계는 어떤 **식량 위기**를 **겪고** 있을까?

어쩌면 당연하게만 생각했던 식량.
하지만 인구 증가와 환경 오염, 사람들의 이기심
또는 무관심으로 인해 식량에 심각한 문제가 발생했고,
앞으로는 인류가 풀어야 할 큰 숙제가 되었어요.

1 우리의 식생활은 식량 위기와 어떤 관계가 있을까?

 식탁 위, 우리 주변에서 흔히 볼 수 있는 그 음식들이 어디서 왔는지, 어떤 과정을 거쳐 우리가 먹을 수 있게 된 건지 생각해 본 적 있나요? 아마 많지 않을 거예요. 여러분도, 어쩌면 우리 모두가 음식 먹는 것을 당연하게 여기고 있으니까요. 하지만 우리가 선택하는 음식 하나하나가 지구 전체의 식량 시스템과 연결되어 있다는 사실을 깨닫는다면, 식생활은 개인의 취향이나 편리함을 넘어 더 큰 책임을 느끼는 일이 될 거예요.

 식생활은 나라마다 달라요. 기후와 지형이 달라 그곳에서 나는 식량 또한 다르기 때문이에요. 그래서 조리법과 먹는 음식이 다르고, 음식이 다르니 사용하는 식기도 다르지요. 식사 예절도 다르고요. 하지만 시간이 지나면서, 또 모든 나라에서 공통적으로 변한 부분이 있어요. 바로 육류가 들어가는 음식이 늘었다는 것이에요. 아주 오래전에는 곡물과 채소, 과일을 주로 먹었어요. 고기를 먹는 날은 마을의 잔치였을 정도로요. 야생 동물을 사냥해서 잡아야 했고, 지금처럼 냉장고가 없었기 때문에 먹고 남은 고기를 저장할 수가 없었거든요. 하지만 돼지나 소, 닭 등의 동물들을 사람들이 기르기 시작하면서, 또 냉장고 등 가전제품이 만들어지면서 사람들의 식탁에 고기가 자주 오르게 되었지요. 그렇다면 이런 변화는 어떤 부분에 영향을 끼쳤을까요?

육류에는 사람에게 이로운 영양분이 많은 건 사실이에요. 우리 몸에 근육을 만드는 단백질과 면역력을 높여 주는 비타민 등이 가득하거든요. 하지만 우리가 먹는 육류를 생산하려면 가축에게 먹일 사료가 필요하고, 이 사료는 대부분 콩, 옥수수 등 곡물로 만들어져요. 전

세계 곡물 생산량의 30~40%가 동물의 사료로 사용되는데, 이 곡물을 사람들에게 나누어 준다면 훨씬 더 많은 인구의 식량을 확보할 수 있을 거예요. 소고기 1kg을 생산하는 데는 약 15,000L의 물이 필요하다는 점도 생각하면, 육식 위주의 식생활이 자원 낭비와 직결된다는 걸 알 수 있어요.

가공식품의 소비도 식량 위기에 영향을 주어요. 과자, 인스턴트 식품, 냉동식품은 편리하지만, 생산 과정에서 사용되는 에너지와 자원이 매우 많아요. 원재료를 가공한 뒤 포장을 하고, 판매처로 운송하는 데 물, 전기, 연료 등이 사용돼요. 게다가 가공식품의 원재료는 공장에서 대량 생산되는 경우가 대부분이라 농약이나 화학 비료의 사용량이 늘어날 수밖에 없어요. 그 결과 물과 토양이 오염되고 생물의 다양성이 줄어들지요. 결국 식량 생산의 기반이 약해져 미래 세대가 먹을 수 있는 자원이 줄어들게 되는 거예요.

또한 우리는 많은 식량을 외국에서 수입해 소비하고 있어요. 우리나라 역시 식량을 수출하지만, 수입하는 양이 훨씬 많아요. 다른 나라들도 서로 식량을 수입하고 수출해요. 이처럼 세계 각국에서 생산되는 식량이 교류*하는 것을 '글로벌 식량 공급망'이라고 해요. 이 공급망은 효율적인 것처럼 보이지만 언제든지 불안정해질 수 있다는 아주 큰 단점이 있어요. 수출국에서 자연재해가 발생하거나, 전쟁이나 국제 갈등이 생기면 식량 가격이 급등하거나 아예 공급이 끊기게 된다는 점이에요. 러시아·우크라이나 전쟁으로 곡물이나 해산물 수입이 막힌 적이 있는 것처럼 이미 몇 차례 위기는 있었고, 앞으로 더 자주 찾아올지도 몰라요.

 글로벌 식량 유통은 또 다른 문제를 낳기도 해요. 먼 거리를 이동해야 하니 식량을 운반하는 데 많은 연료가 사용되고 이 과정에서 많은 온실가스*가 발생해요. 항공기, 선박, 트럭 등에서 배출되는 이산화탄소와 미세먼지는 결국 기후 변화를 가속화하고, 이는 다시 농작물 생산을 어렵게 만들어요. 기후 변화로 인한 폭염, 가뭄, 홍수는 식량 수확량을 떨어뜨리기 때문에, 결국 식량 위기는 다시 식량 위기를 낳는 악순환 구조로 이어지게 되는 것이지요.

 이런 상황에서 '로컬 푸드', 즉 내가 사는 지역에서 생산된 식재료를 소비하는 것은 좋은 대안이 될 수 있어요. 지역 농산물을 먹는다는 건 운송 과정에서의 에너지 낭비를 줄이고 환경 부담을 낮춘다는 뜻이거든요. 또한 해당 지역 농업이 활성화되어 지역 경제를 살리는 데

* **교류** 서로 다른 물줄기가 섞이어 흐른다는 의미로, 문화나 사상이 서로 통한다는 뜻으로도 사용됨.
* **온실가스** 지구의 대기를 오염시켜, 온실 효과(빛은 받아들이고 열은 내보내지 않아 온실처럼 뜨거워지게 하는 현상)를 일으키는 가스를 이르는 말.

에도 도움이 돼요. 식량 위기를 해결하는 데 있어 소비자의 선택은 생각보다 훨씬 강력한 힘이 있지요.

음식물 쓰레기 역시 우리가 놓치기 쉬운 식량 위기의 한 축이에요. 버려진 음식이 썩으면서 발생하는 메탄가스는 이산화탄소보다 80배 정도 더 강력한 온실가스예요. 이런 가스가 대기 중에 쌓이면 기후 변화는 더 빨라지고, 식량 생산은 더 어려워져요. 즉 우리가 음식을 남기거나 쉽게 버리는 행동은 식량 위기를 더 크게 만드는 셈이에요. 먹을

만큼만 만들거나 사고, 남기지 않는 습관은 생각보다 훨씬 큰 변화를 만들 수 있어요.

   결국 우리의 식생활은 단순한 개개인의 선택이 아니라 식량 위기와 밀접하게 연결된 사회적 행동이에요. 어떤 식재료를 고르고, 무엇을 먹고, 얼만큼을 사용할지 고민하는 것만으로도 우리는 식량 위기에서 벗어나는 데에 참여할 수 있어요. 멀리 떨어진 논밭과 지구 반대편 농부의 삶도 우리의 식탁과 이어져 있다는 사실을 기억한다면, 우리는 더 책임 있는 소비자가 될 거예요. 지금의 작은 실천이 미래의 식량을 지키는 가장 큰 힘이 될 수 있답니다.

2 식량은 충분한데 왜 굶는 사람이 있을까?

   마트에 가면 진열대에는 식재료와 밀키트가 가득하고, 원하는 음식은 언제든 주문할 수 있어요. 뉴스에서는 전 세계 식량 생산량이 매년 증가하고 있다는 소식도 들려요. 그런데 이상하지요? 이렇게 많은 식량이 있는데, 왜 아직도 굶주리는 사람이 있을까요? 세계에는 지금도 약 8억 명이 넘는 사람들이 매일 충분한 식사를 하지 못하고 있어요.

심지어 목숨을 잃는 사람들도 많지요. 이는 식량이 부족한 게 아니라 '제대로 나누어지지 않는 것'이 진짜 문제예요. 그렇다면 남아도는 식량에도 굶주리는 사람들이 늘어나는 이유는 무엇일까요?

첫 번째는 식량 분배의 불안정이에요. 전 세계에서 생산되는 식량의 양은 이론적으로 모든 사람이 먹을 수 있을 만큼 충분하다고 해요. 하지만 이 식량이 세계 곳곳에 고르게 공급되지 않아요. 어떤 나라는 식량을 과잉 생산해서 남기고 버리는데, 어떤 나라는 생산량도 적을 뿐더러 수입조차 못해요. 특히 개발 도상국*이나 분쟁 지역은 식량이 있어도 그것을 구할 수 있는 길이 막히는 경우가 많지요.

두 번째는 경제적인 이유예요. 식량을 사 먹을 돈이 없는 거예요. 식량이 시장에 나와 있어도, 가난한 사람들은 그 음식을 살 수 없기 때문에 여전히 굶주림에 시달려요. 직접 농작물을 기르면 되지 않냐고요? 농사를 짓거나 가축을 기르는 데도 넓은 땅과 많은 돈이 필요해요. 그래서 세계 곳곳에서 극심한 빈곤 상태에 놓인 사람들은 매 끼니를 해결하는 것 자체가 어려워요. 결국 식량은 '있는가'보다 '살 수 있는가'가 중요하다는 말이지요.

세 번째로는 정치적·사회적 불안정이에요. 식량은 생산만큼이나 '운

---

* **개발 도상국** 산업 근대화와 경제 개발이 선진국에 비해 뒤떨어진 나라로, 예전에는 후진국이라 불렀다.

반과 '공급'이 중요해요. 전쟁이나 내전, 정치적 혼란이 있는 지역에는 식량을 실어 나를 수 없거나 국제 사회의 지원이 끊겨요. 예를 들어, 시리아, 예멘, 수단과 같은 나라들은 충분한 식량을 확보할 수 있는 능력이 있지만 내부 갈등으로 인해 국민들에게 전달되지 않아요. 식량 창고가 폭격당하거나 도로가 막혀 식량을 옮기지 못하는 경우도 있어요. 그러면 국민들은 굶주림에 시달리게 되지요. 식량의 국제 거래 시스템에도 문제가 있어요. 곡물 가격은 세계 시장에서 거래되기 때문에 한 나라의 흉작이나 전쟁, 수출 제한 같은 일로도 가격이 급등할 수 있어요. 부유한 나라는 높은 가격에도 곡물을 사들이지만, 가난한 나라는 그렇게 하지 못해 식량 수입이 중단되지요. 특히 2020년에 코로나19가 유행한 후에는 이런 현상이 더 심해졌어요. 다른 나라와 접촉이 제한되면서 수입과 수출이 막혀 식량 위기에 빠진 나라들이 더 늘었어요. 이처럼 식량은 '시장 논리'에 따라 움직이기 때문에 경제적으로 약한 나라일수록 쉽게 피해를 입어요.

또 하나 주목해야 할 것은 식량 낭비예요. 전 세계에서 매년 버려지는 식량은 전체 생산량의 약 30%에 달해요. 이 중에는 소비자가 남긴 음식도 있지만, 유통 과정에서 상하거나 버려지는 식품도 많아요. 상품 가치가 떨어져 시장에 가지도 못하고 버려지기도 해요. 한마디로

맛도 영양도 좋은데 못생겼다는 이유로 버려지는 식량이 많다는 거예요. 한쪽에서는 먹을 게 남아돌아 쓰레기가 되는데, 다른 한쪽에서는 아무것도 먹지 못하는 상황이 되는 것이지요.

이 문제는 단지 개발 도상국만의 일이 아니에요. 우리 사회 안에도 식량 취약 계층이 있어요. 홀로 사는 어르신, 결식아동, 저소득 가정처럼 경제적·사회적으로 소외된 사람들은 충분한 음식을 구하지 못하는 경우가 많지요. 편의점 도시락조차 부담스러운 이들에게는 식량 위기가 이미 현실이에요. 이처럼 식량의 절대량은 충분하지만 누가 그 음식을 얻을 수 있느냐는 문제는 여전히 풀리지 않은 숙제예요. 결국 식량 위기의 핵심은 생산보다는 균형 있는 분배, 그리고 쉬운 접근성에 있어요. 우리가 할 수 있는 일은 이 현실을 알고, 무관심하지 않는 거예요. 그리고 서로의 상황을 이해하고 함께 나눌 수 있는 방법을 고민해야 해요.

3 기후 변화가 밥상을 바꾸고 있어요!

예전보다 여름이 길어지고 겨울은 짧아졌다고 느낀 적 있지 않나요? 눈이 많이 오지 않는 겨울도 드물지 않아요. 이런 날씨 변화는 단순히 계절의 특성을 바꾸는 것에 그치지 않고, 우리가 매일 먹는 식탁의 메뉴에도 영향을 주고 있어요. 기후 변화가 식량 생산과 소비에 어떤 영향을 미치는지 살펴보면, 우리의 밥상이 이미 달라지고 있다는 사실을 알 수 있어요.

기후 변화는 농작물 재배에 직접적인 영향을 주어요. 농업은 날씨에 크게 의존하는 산업이기 때문에 온도, 강수량, 일조 시간의 변화는 곧 작물의 수확량에 큰 차이를 만들어요. 우리가 매일 먹는 쌀 이야기를 해 볼게요. 벼는 일정한 온도와 물이 있어야 잘 자라는데, 기온이 너무 높거나 가뭄이 계속되면 쌀 수확량이 줄어들어요. 실제로 최근 몇 년 사이 한국에서도 폭우와 폭염으로 인해 쌀 생산량이 감소한 해가 있었고, 낱알이 익지 않거나 병충해가 늘어나 상품성이 떨어졌어요. 그럼 상대적으로 쌀값은 비싸져 수입 쌀을 사거나 쌀 소비가 줄어드는 거예요. 이는 농업에 종사하는 사람들의 수입이 줄어드는 것이고, 점차 농업이 침체되는 현상으로 이어질 수 있어요.

뿐만 아니라 기후 변화는 작물의 재배 지역 자체를 바꿔요. 더운 지역에서만 자라던 작물이 북쪽에서도 재배 가능해지는 대신, 원래 잘 자라던 작물은 더 이상 재배가 어려워지기도 해요. 우리나라에서는 제주도에서만 자라던 한라봉이나 감귤이 남부 지방까지 올라가고 있고, 반대로 강원도의 배추나 무는 고온 현상으로 수확량이 줄었어요. 이런 변화는 결국 식재료의 품질과 가격에도 영향을 주어요. 또한 농업 해충과 질병을 증가시켜요. 겨울이 짧아지면 해충이 더 많이 살아남고, 여름에 온도가 높아지면 새로운 병이 발생하기도 해요. 해충 피해가 늘어나면 농약 사용이 많아지고, 그만큼 환경과 건강에도 부담이 생겨요. 이로 인해 농작물 생산이 줄어들고, 소비자 입장에서는 가

격이 오르거나 선택할 수 있는 식재료의 폭이 줄어드는 결과로 이어져요. 이처럼 기후 변화는 경제와 식량, 환경이 복잡하게 얽힌 문제예요.

기후 변화는 어업에도 영향을 미쳐요. 해수 온도가 오르면서 그 근방에 살던 어종이 점점 북쪽으로 이동하거나 아예 자취를 감추는 경우가 생겨요. 실제로 우리나라 동해에 살던 고등어, 갈치, 명태 같은 생선들이 점점 잡히지 않고, 제주에서 잡히던 아열대 어종 참다랑어가 동해에서 잡히고 있어요. 해파리가 많아지고 상어가 나타나기도 하지요. 최근에는 열대성 어종이 남해안에서 잡히는 경우도 많아졌어요. 이런 변화는 해산물 가격에도, 해산물을 주요 식재료로 삼는 지역 경제에도 영향을 줄 수 있지요.

문제는 이러한 변화들이 단기간에 멈추지 않는다는 점이에요. 온실가스가 계속해서 배출되고, 지구의 평균 온도가 계속 오르면 이러한 변화는 점점 더 심해질 수밖에 없어요. 기후 변화는 단지 미래의 위험이 아니라, 지금 우리가 매일 먹는 음식에 영향을 주고 있는 진행 중인 위기예요. 우리가 지금까지 누린 식탁의 다양성과 안정성이 서서히 무너지고 있다는 신호일지도 몰라요.

  그렇다면 우리는 어떤 선택을 해야 할까요? 우선은 기후 변화와 식량 문제 사이의 연결고리를 제대로 이해하는 것이 필요해요. 그리고 탄소 배출을 줄이는 식생활을 실천할 수 있어요. 지역에서 생산된 음식을 먹고 고기 소비를 줄이며, 음식물 쓰레기를 줄이는 것만으로도 기후 변화 완화에 도움이 돼요. 또한 지속 가능한 방식으로 재배된 식재료를 선택하는 것도 좋은 실천이에요.

  기후 변화는 더 이상 먼 미래의 이야기가 아니에요. 그것은 오늘날 우리의 밥상을 조금씩 바꾸고 있고 앞으로는 더 크게 바꿀 수도 있어요. 지금 우리가 먹고 있는 한 끼가 어떤 과정을 거쳐 여기까지 왔는지, 그리고 앞으로 어떤 방식으로 바뀔 수 있는지를 고민하는 것이 필요해요. 기후 위기에 대응하는 것은 단지 환경을 위한 행동이 아니라 우리의 식탁과 건강을 지키기 위한 일이기도 하답니다.

4 전쟁은 식량 위기에 어떤 영향을 줄까?

전쟁이 일어나면 가장 먼저 떠오르는 건 무기와 폭탄, 부서진 도시일 거예요. 하지만 현재 전쟁으로 인한 피해는 총알이나 미사일에만 그치지 않아요. 실제로 가장 무서운 피해 중 하나는 먹을 것이 사라진다는 점이에요. 전쟁은 사람들의 삶을 무너뜨릴 뿐만 아니라, 식량을 생산하고 나누는 체계도 함께 파괴해요. 그래서 전쟁은 종종 식량 위기의 시작이 되곤 하지요.

전쟁이 식량에 미치는 영향은 생산부터 시작돼요. 농촌이 전쟁터가 되면, 밭을 가꾸고 작물을 수확할 수 없게 돼요. 전쟁 중에는 농민들이 군인으로 징집*되거나 피난을 가야 하니 노동력도 줄어들지요. 게다가 농기구나 비료 같은 생산 자재 공급도 끊기기 때문에 농사를 짓는 것 자체가 매우 어려워져요. 이렇게 되면 식량 생산량이 급격히 줄어들고, 해당 지역은 곧 식량 부족 상태에 빠지게 돼요.

식량을 운반하는 유통망도 전쟁의 영향을 크게 받아요. 도로와 철도가 파괴되거나 점령당하면, 식량을 도시로 보내거나 외부에서 들여오는 것이 불가능해져요. 식량이 있어도 사람들에게 닿지 못하게 되

*징집 병역 의무자를 현재 일어나는 어떤 일에 참여할 의무를 부담하게 해 불러 모음.

는 거예요. 전쟁 중에는 치안이 불안해지고 물류비용[*]도 크게 올라가면서 식량 가격은 빠르게 상승해요. 이 과정에서 가장 먼저 타격을 받는 건 늘 그렇듯이 가난한 사람들이에요.

 최근의 사례로는 2022년부터 이어진 러시아·우크라이나 전쟁이 있어요. 우크라이나는 '유럽의 곡창 지대'라 불릴 만큼 밀, 옥수수, 해바라기 같은 주요 작물의 세계적인 생산국이에요. 하지만 전쟁이 시작되자 농사짓는 땅이 파괴되고 항구가 봉쇄되면서 수출이 멈췄어요. 이

＊**물류비용** 상품이 생산되어 소비자에게 팔릴 때까지 발생하는 운송, 포장, 보관 등의 비용.

로 인해 전 세계 곡물 가격이 급등했고, 특히 중동과 아프리카의 저소득 국가는 큰 타격을 받았어요. 전쟁이 한 나라에서 벌어졌는데, 지구 반대편 사람들의 식탁까지 흔들린 거예요.

전쟁 중에는 식량이 무기로 바뀌기도 해요. 상대국에 식량을 팔지 않으며 협상 수단으로 사용하기도 해요. 식량을 수출하지 않겠다고 위협하면 그 나라의 식량에 의존하는 나라는 불안에 빠지고 경제도 흔들리게 돼요. 전쟁이 일어났을 때는 그 점이 더 크게 작용하고요. 이

처럼 식량은 단지 생존의 문제를 넘어서 정치와 외교에서 전략적인 수단으로도 쓰이지요.

　전쟁 중에 벌어지는 식량 위기는 단기간에 끝나지 않아요. 전쟁이 끝난 뒤에도 파괴된 농지, 줄어든 인력, 무너진 물류 체계를 복구하는 데에는 많은 시간과 자원이 필요해요. 그 사이에도 굶주림은 계속돼요. 식량 부족은 교육과 건강, 경제 회복에도 영향을 미치면서 더 큰 위기를 만들어요. 그래서 전쟁은 단순한 폭력 이상의 큰 고통을 남기는 거예요.
　더구나 전쟁이 식량과 결합하면 식량 불안정뿐 아니라 사회 불안정으로도 이어질 수 있어요. 식량이 부족하면 사람들은 분노하고, 때로는 폭동이나 약탈이 일어나요. 정치적으로 불안정한 지역에서는 이런 일이 국가 전체의 혼란으로 번지기도 해요. 식량은 생존의 문제인 동시에, 사회 질서를 지탱하는 기본적인 힘이거든요. 그래서 식량 위기를 단순한 공급 문제로만 보지 말고, 사회 전반을 흔드는 요소로 봐야 해요.
　이제 우리는 전쟁을 뉴스 속 먼 나라의 일이 아니라, 우리 식탁과 연결된 현실로 이해할 필요가 있어요. 지구 반대편에서 총성이 울릴 때, 식량의 순환이 끊겨 수입 식품의 가격이 올라갈 수 있고, 그 여파로 우리의 밥값에 영향을 주어요. 전쟁은 곡물을 무기화하고, 식량 가격을 불안하게 만들며, 가장 약한 사람들의 식탁부터 빼앗는 거예요. 이처럼 전쟁은 단순히 무너진 도시보다 더 무서운 '보이지 않는 굶주림'을 퍼뜨리고 있어요.

전쟁은 식량 생산과 소비, 유통과 가격, 분배와 안정성까지 모든 영역을 뒤흔드는 요인이에요. '평화가 식량 안보의 시작'이라는 말은 그냥 멋진 문장이 아니라, 실제로 우리 삶을 지탱하는 중요한 원칙이에요. 식량 위기를 막기 위해 필요한 건 기술과 돈만이 아니라, 전쟁을 멈추고 평화를 지켜 내는 일이라는 사실을 잊지 말아야 해요. 한 끼의 식사도 평화 없이는 지켜 낼 수 없다는 걸 우리는 꼭 기억해야 합니다.

기후 변화와 동식물의 서식지

기후 변화는 단순히 '날씨가 조금 더워진다'는 뜻이 아니에요. 지구의 온도가 오르면 바람, 비, 바다의 흐름까지 모두 달라지고, 결국 동식물의 삶의 터전, 즉 서식지가 흔들리게 돼요. 사람은 에어컨을 켜거나 옷을 바꿔 입으며 적응할 수 있지만, 동식물은 그렇지 못하지요. 그래서 어떤 종은 멸종 위기에 처하고, 어떤 종은 새로운 곳으로 이동해야 해요.

우리나라 바다의 물고기들도 점점 남쪽에서 북쪽으로 올라오고 있어요. 예전에는 제주도 근처 따뜻한 바다에서만 살던 자리돔이나 열대성 어종이 이제는 동해에서도 잡혀요. 반대로 차가운 물을 좋아하는 명태나 오징어는 점점 보기 어려워졌어요. 기온이 오르면서 바닷물의 온도도 함께 올라, 물고기들의 '집'이 바뀌고 있는 거예요.

육지에서도 마찬가지예요. 따뜻한 환경에서만 자라 수입에 의존하던 열대 과일이 우리나라에서도 재배가 되고, 추운 기후에서 잘 자라던 배추나 감자 같은 작물은 재배 지역이 점점 북상하고 있어요. 강원도 홍천에서도 복숭아와 포도를 재배하고, 예전엔 남부 지역에서만 가능했던 감귤이 전북 완주나 충남 예산에서도 자라는 걸 볼 수 있답니다. 연구에 따르면 50년 뒤에는 강원도에서만 사과와 배를 재배할 수 있고, 복숭아가 재배되는 곳은 매우 줄어들 것이라고 해요. 우리가 자주 먹는 과일 종

류가 완전히 달라질 수 있다는 거예요.

　기후 변화로 멸종된 동식물도 있어요. 한때 남극에 살던 아델리펭귄은 해빙이 줄어들면서 먹이를 찾지 못해 개체 수가 크게 줄었고, 알래스카의 북극곰은 빙하가 녹아 사냥할 얼음판이 사라지자 육지로 나와 쓰레기를 뒤지며 살아가고 있어요. 우리나라에서도 기후 변화로 인해 제주도의 한라산 고산 식물들이 점점 위쪽으로 밀려나고 있어요. 정상보다 온도가 낮은 곳이 없기 때문에 사라질 위기에 처한 거예요.

　기후 변화는 멀리 있는 일이 아니라, 지금 우리가 살고 있는 환경의 변화예요. 동식물이 살아갈 집이 바뀌면 결국 우리도 영향을 받게 될 거예요. 그러니 지구의 온도를 지키는 건 단순히 날씨 문제를 넘어 우리 모두가 함께 살아갈 집을 지키는 일이라는 뜻이랍니다.

제3장

[식량 위기가 무서운 진짜 이유]

식량이 부족하다는 건 무슨 뜻일까요?
바로 인류 생존에 직접적인 위협을 끼친다는 뜻이에요.
식량을 많이 만들기만 하면 해결되는 문제가 아니지요.
근본적인 이유와 해결 방법을 찾아야 한답니다.

1 굶주림은 사람에게 어떤 영향을 줄까?

굶주림은 단순히 배가 고픈 상태를 말하는 게 아니에요. 끼니를 거르거나 영양이 부족한 식사가 반복되면 몸은 점점 쇠약해지고 정신은 불안해지며 결국 사회 전체가 개개인의 영향을 받게 돼요. 우리가 느끼는 배고픔은 일시적일 수 있지만, 식량이 부족해서 오랫동안 굶주림을 겪는 것은 개인과 사회 모두에게 심각한 위기를 가져올 수 있다는 뜻이지요.

먼저 굶주림은 신체에 직접적인 피해를 주어요. 에너지를 낼 수 있는 영양소가 부족하면 몸이 지치고 면역력이 낮아지거든요. 작은 상처도 잘 낫지 않고 감기나 폐렴 같은 병에 쉽게 걸려요. 특히 어린이가 영양 부족 상태에 놓이면 성장 속도가 늦어지고, 신체는 물론 뇌 발달

결핍	증상
철분	빈혈, 피로, 집중력 저하, 두통, 면역력 감소
비타민 D	뼈 약화(골 연화증), 근육 약화, 면역 기능 저하
칼슘	뼈와 치아 약화, 근육 경련, 성장 장애, 골다공증 위험 증가
단백질	근육 손실, 면역력 저하, 상처 치유 지연, 성장 부진
비타민 C	잇몸 출혈, 상처 치유 지연, 피로, 면역력 저하, 괴혈병 위험
아연	면역력 저하, 상처 치유 지연, 성장 지연, 탈모

▲영양소 결핍 시 생기는 증상

도 방해를 받아 학습 능력과 집중력이 떨어지게 돼요. 심하면 머리카락이 빠지고 근육이 사라지는 마라스무스* 같은 심각한 영양실조에 걸릴 수도 있어요.

 아프리카와 남아시아 일부 지역에서는 철분, 아연, 비타민 A 같은 필수 영양소가 부족해 수많은 사람들이 빈혈과 시력 저하, 성장 장애를 겪고 있어요. 에티오피아나 케냐 등 아프리카 일부 국가는 영양 부족과 위생 문제로 빈혈 환자가 많아요. 인도, 파키스탄, 방글라데시는 전 세계적으로 빈혈이 많은 나라로, 철 결핍성 빈혈이 사회적 문제로까지 대두되고 있지요. 실제로 2023년 기준, 인도 여성의 약 57%, 어린이의 약 67%가 빈혈을 앓고 있었어요. 인도 정부는 '아나미아 묵트 바라트(Anemia Mukt Bharat)', 즉 빈혈 퇴치 운동이라는 국가 캠페인을 통해 철분 보충제를 보급하고 있지만 시골 지역과 빈곤층까지 혜택이 닿기에는 아직 부족하답니다.

 정신적인 영향도 매우 커요. 계속해서 배고픔을 느끼면 짜증이 나거나 쉽게 예민해지고, 우울감이나 불안이 생기기도 해요. 식량이 없다는 이유로 식사가 불규칙해지면 매일 아침마다 오늘 점심은 먹을

---

*마라스무스 탄수화물, 단백질 등의 영양소 결핍 때문에 신체 기능을 유지하는 데 필요한 힘이 부족해지면서 생기는 병으로, 심각한 저체중과 근육 위축, 호흡 곤란, 탈수 증상이 나타난다.

수 있을까? 저녁 식사는 어떻게 하지?라는 불안감은 스트레스를 더 많이 주고, 나아가서는 삶의 의욕까지 떨어뜨려요. 어린이와 청소년은 자존감이 낮아지고, 친구들과 관계도 위축되며, 공부에 집중하지 못하고 미래를 포기하게 되는 일도 생길 수 있지요. 이런 굶주림은 가정과 지역 사회 전체로 영향을 퍼뜨려요. 부모가 영양 부족으로 일을 제대로 하지 못하면 가계 수입이 줄고, 결국 아이들이 학업을 포기하고 일을 하는 경우도 많아져요. 배고픔이 만든 빈곤의 고리가 다음 세대로 이어지면서 교육과 복지에서 소외되는 아이들이 생기게 되는 거예요.

역사 속에서도 이런 일은 반복되어 왔어요. 미국 대공황 시기였던 1930년대, 경제가 무너지면서 많은 사람이 직장을 잃고 굶주림에 시달렸어요. 그때 실업률이 25%를 넘어서자 생계를 위해 도둑질을 하거나 거리로 나오는 사람들이 많아졌어요. 1931년에는 아이오와 주에서 농민들이 농장 압류에 항의해 은행과 법원을 습격하는 일도 있었답니다. 이렇게 굶주림은 사회적 불안정과 범죄 증가로도 이어질 수 있어요.

국가적인 차원에서도 식량 부족은 생산성을 낮추고, 경제를 약하게 만들어요. 사람들이 건강하지 않으면 노동력을 잃게 되고, 산업이 위축되지요. 식량 가격이 오르면 물가 전반이 불안정해지고 정치적 갈등이 생기기도 해요. 특히 기후 변화나 전쟁 같은 외부 요인이 겹치면 식량 위기가 빠르게 확산되고 국경을 넘어 전 세계적으로 영향을 미치는 결과를 낳지요.

굶주림은 단지 한 사람의 문제가 아니에요. 그것은 한 가정의 위기이고 한 지역의 붕괴이며, 국가 전체의 불안정으로 이어지는 위험이에요. 건강, 교육, 경제, 정치까지 모두 연결되어 있는 복합적인 문제라는 점에서, 굶주림은 인류에게 가장 위험한 위기 중 하나라고 할 수 있어요.

굶주림을 해결하려면 단순히 음식만 나눠 주는 것이 아니라, 빈곤과 불평등, 기후 변화, 분쟁 같은 여러 문제들을 함께 풀어야 해요. 그리고 우리가 사는 세상에 아직도 굶주리는 사람이 있다는 사실에 관심을 가지고, 나눔과 지속 가능한 소비를 실천하는 작은 행동이 더해져야 한답니다.

2 식량 부족이 자연환경을 망가뜨릴 수도 있을까?

식량이 부족하면 사람들이 가장 먼저 걱정하는 것이 '먹고살 수 있을까?' 하는 생존의 문제예요. 그런데 이 식량 부족이 자연환경에도 큰 영향을 줄 수 있다는 사실, 알고 있나요? 식량 위기를 해결하려는 과정에서 오히려 지구의 숲, 물, 흙, 공기가 상처를 입는 일이 곳곳에서 벌어지고 있어요.

식량이 부족해지면 사람이 가장 먼저 하는 일은 더 많은 식재료를 얻기 위해 농사지을 땅을 찾는 것이에요.

하지만 지구상에 농사를 지을 수 있는 땅은 한정돼 있어요. 큰 나무가 없어야 하고 평평해야 하며, 접근성과 물을 얻기 쉬운 곳이어야 해요. 하지만 바다가 너무 가까이 있으면 땅에 염분이 높아져 농사짓기 어려워져요. 그래서 나무를 베고 초원을 갈아엎는 일이 많아지지요. 실제로 최근 30년 사이, 아마존 열대우림의 17%가 사라졌는데, 그 이유 중 하나가 바로 농장 확대 때문이에요. 이렇게 숲이 사라지면 탄소를 흡수하고 산소를 내뿜던 나무들도 없어져서 기후 변화가 더 심해지게 돼요.

또 다른 문제는 물이에요. 벼, 밀, 옥수수처럼 우리가 주로 먹는 작물은 많은 물을 필요로 해요. 그래서 식량이 부족해지면 수확량을 늘리기 위해 관개 시설을 늘려요. 그 결과 인도 북부와 중국 일부 지역에서는 지하수가 빠르게 말라가고 있다고 해요. 세계자원연구소(WRI: World Resources Institute)는 세계 인구의 25% 이상이 극심한 물 부족 지역에 살고 있다고 발표했어요. 식량 부족이 물 부족을 부르고, 물 부족이 다시 식량을 부족하게 만드는 악순환이 이어지는 거예요.

아직 물이 부족하다는 인식이 강하진 않았을 거예요. 주방이나 욕실, 공중화장실에서도 수도꼭지만 틀면 깨끗한 물이 콸콸 나오니까요. 유럽의 일부 국가는 물에 석회 성분이 많아 수돗물을 직접 마시지 못해요. 그래서 생수를 사 먹는데, 그 가격이 꽤 높지요. 지역에 따라 물이 부족한 곳도 많아요. 2022년에는 극심한 가뭄으로 수돗물 공급이 끊기고 사용이 제한된 적이 있기도 해요. 하지만 우리나라는 지하수나 수돗물을 그대로 먹을 수 있을 정도라 물이 부족하다는 생각을 하지 못하는 사람이 많아요. 그래서인지 세계적으로 수돗물 사용량이 많은 나라로 손꼽혀요. 앞으로 우리를 위해, 또 식량을 위해 물을 아껴 써야겠지요?

농약과 화학 비료의 남용도 큰 문제예요. 병충해를 예방하려면 농

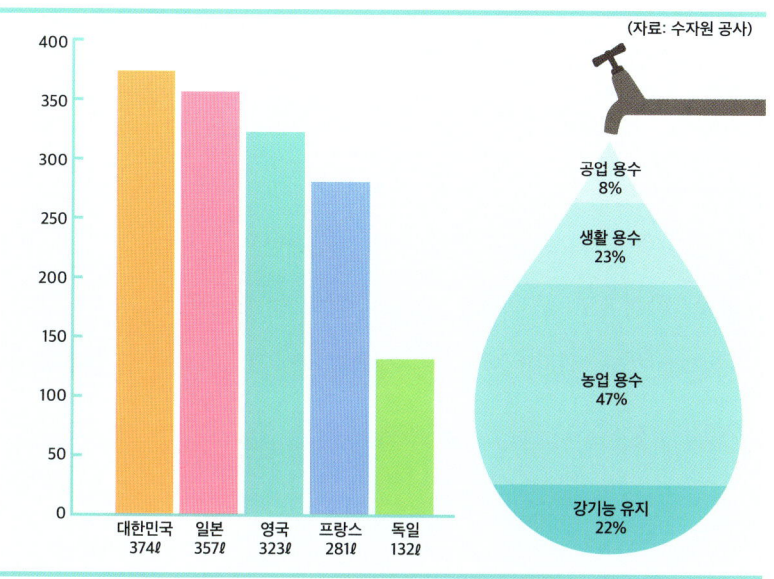

▲나라별 1인당 연간 물 사용량과 분야별 물 사용량

약과 화학 비료를 사용해야만 하는 경우가 있어요. 텃밭에서 개인이 먹을 용도로 작물을 재배하는 건 크기나 모양이 어떻든 상관이 없지만, 판매용은 맛도 좋고 모양과 크기가 균일해야 하거든요. 농약과 화학 비료를 적당량 사용하면 크게 문제되지 않아요. 땅도, 물도 재생 능력이 있으니까요. 하지만 너무 많이 사용하면 토양은 물론, 주변 하천과 지하수까지 오염돼요. 이로 인해 토양 속 미생물과 지렁이와 같은 익충*이 사라지고, 농업에 사용될 깨끗한 물도 줄어들어요. 미생물이 사라지면 건강하지 못한 땅이 되어 오히려 농사를 지을 수 없게 된

* **익충** 사람에게 이익을 주는 곤충.

답니다. 비료를 사용하면 단기적으로는 수확이 늘어날 수 있지만 장기적으로는 땅이 오염되어 죽은 땅이 되어 버리는 거예요.

사람의 몸에도 나쁜 영향을 줘요. 대부분은 세척으로 농약이 제거되지만 너무 많이 묻어 있으면 닦이지 않아 사람이 섭취하면 체내에 쌓여요. 환경에도 좋지 않은 농약, 사람의 몸에도 좋을 리 없겠지요? 농약은 호르몬 분비와 신경계에 장애를 일으키고, 암 발생 확률이 높아져요. 구강 문제는 물론 특히 어린아이들 건강에는 치명적이에요.

그렇다면 식량 부족은 바다엔 어떤 영향을 줄까요? 바다에서는 양식장을 만들어 해산물을 기르기도 하지만, 해조류나 크릴* 등은 자연적으로 대량 생산되고 있어요. 사람이 식량으로 사용하는 물고기도 많지요. 하지만 어획량을 늘리기 위해 지나치게 많이 잡으면 물고기 개체 수가 줄어들고 해양 생태계가 무너져요. 특히 새끼 물고기까지 모두 잡는 트롤 어업*이나 해저의 조개류나 갑각류 등을 채취하거나 모래, 자갈 등을 캐기 위해 해저 바닥을 긁어내는 방식은 사람들에게는 편리하겠지만 바닷속 생물들이 살아갈 터전을 파괴해요. 결국 자원도 고갈되고 해양 생물 다양성은 줄어들게 되지요. 먹거리를 얻기 위한

*크릴 작은 새우와 비슷하게 생긴 난바다곤쟁이류로, 다양한 해양 동물의 주요 먹이.
*트롤 어업 바다 밑바닥으로 끌고 다니는 그물을 사용해 바다 깊은 곳에 있는 물고기를 잡는 어업의 한 방법.

무분별한 조업[*]이 바다를 병들게 만드는 거예요. 그래서 보호 구역을 확대하고 어업 방식이나 시기를 제한하는 방법으로 해양 보전에 힘쓰고 있어요.

또한 기후 변화에 대응하기 위한 잘못된 해결책들도 환경을 위협할 수 있어요. 석유, 석탄 등 화석 연료를 대신할 연료를 연구하고 있는데, 그중 하나가 '바이오에탄올'이에요. 바이오에탄올은 곡물을 발효시켜 연료로 전환하는 대체 에너지를 만들었고, 실제로 일부 나라에서 진행되었어요. 하지만 옥수수나 사탕수수 같은 식량 자원을 연료로 사용하기 때문에 오히려 식량 가격을 높이고, 곡물 사재기를 부추긴 경우가 있었어요. 물론 옥수수, 사탕무, 밀, 보리 등 식용 원료만 사용하는 데 한계가 있기 때문에 볏짚이나 옥수수대, 밀짚 등 비식용 원료를 사용해 개발도 했지요. 하지만 식용 원료를 사용하면 바이오에탄올로 전환이 쉬운 반면, 비식용 원료는 전환이 어려워 효율성이 떨어지기 때문에 식용 원료를 사용할 수밖에 없던 거예요.

이처럼 식량 부족은 단순히 사람이 굶는 일만이 아니라, 지구 전체의 생태계에까지 영향을 미치는 커다란 문제예요. 숲은 베이고, 물은

＊**조업** 기계를 사용해서 하는 일.

마르며, 땅과 공기는 오염돼요. 그 결과는 다시 기후 변화로 되돌아와, 더 심각한 식량 위기를 불러오지요. 마치 뱀이 자신의 꼬리를 무는 듯한 악순환이 되는 거예요. 따라서 우리는 식량 문제를 해결할 때 '환경과 함께 가는 방식'을 선택해야 해요. 생태계를 해치지 않으면서도 지속 가능한 농업을 실천하고, 소비 습관을 바꾸는 것이 필요해요. 로컬푸드, 유기농 재배, 채식 확대, 음식물 쓰레기 줄이기와 같은 작은 실천들이 모여야 해요. 그래야만 지구도 살고, 우리도 식량을 계속, 충분히 먹을 수 있는 미래를 만들 수 있어요.

3 식량 문제로 갈등이 생기기도 해요!

우리가 구입하는 식재료 중에는 수입된 것이 많아요. 곡물과 과일, 채소는 우리나라 것이 대부분이지만, 특히 고기나 생선, 과자나 초콜릿 같은 가공품, 조미료들은 다른 나라에서 수입된 것이 많아요. 물론 다른 나라에도 우리나라의 식재료가 있고요. 이런 것을 가능하게 해 주는 것이 바로 '무역'이에요.

무역은 국제 식량 시스템에서 가장 중요한 연결고리예요. 많은 나라들은 자기 나라에서 나는 식량만으로는 국민의 먹거리를 감당할 수 없기 때문에 수확량이 풍부한 식량은 수출하고, 부족한 식량은 수입하면서 균형을 맞추고 있어요. 그런데 어떤 나라에서 가뭄이나 홍수 같은 기후 재해가 발생하면, 그 나라의 식량 생산량이 줄어들고 수출량이 줄거나 아예 중단돼요. 그럼 그 나라에서 식량을 수입하던 다른 나라들은 공급이 끊기거나 가격이 갑자기 오르면서 혼란을 겪어요. 예를 들어 볼까요? 아시아 지역은 쌀 무역으로 서로 연결되어 있어요. 만약 베트남이나 태국 같은 쌀 수출국에서 생산량이 줄면, 수입에 의존하던 나라들은 식량 부족을 겪게 되지요. 실제로 2007~2008년에 세계 곡물 가격이 폭등했을 때, 여러 나라가 쌀과 밀의 수출을 막으면서 국제 시장의 식량 가격이 2배 이상 치솟았어요. 그 결과 일부 아프리카 국가나 개발 도상국에서는 식량을 구하지 못해 폭동이 일어나기도 했지요.

식량 위기는 정치적 갈등의 씨앗이 되기도 해요. 식량과 정치가 무슨 상관일까 하고 의문점이 생길 거예요. 하지만 잘 생각해 보세요. 식량이 부족하면 사람들의 불만이 커지고, 정부에 대한 신뢰가 약해져요. 아라비아 반도 맨 끝에 위치한 중동 국가 예멘에서는 현재도 내전과 무역 차단, 농업 기반 붕괴가 겹치면서 국민 대부분이 극심한 식량 부족에 시달리고 있어요. 정부가 이를 해결하지 못하자 국민의 불만이 커지고 나라 안의 갈등은 계속되는 것이 그 예랍니다.

사회적 갈등도 예외는 아니에요. 2007년 멕시코에서는 '토르티야 폭동'이라는 시위가 벌어졌어요. 토르티야는 중남미 나라 멕시코, 과테말라, 엘살바도르 등의 주식으로, 옥수숫가루와 밀가루로 만든 얇은 빵이에요. 그런데 그해 옥수수 가격이 급등하면서 토르티야 가격이 크게 올랐지요. 이에 저소득층 가구들이 식사를 감당하지 못하게 되자 수천 명이 거리로 나와 항의했고, 곧 사회 전반의 분노로 확산되었어요. 옥수수라는 식량 가격 하나가 국민의 생활을 위협하고, 국가 전체를 불안하게 만든 사건이었어요.

국가 간 갈등으로 번지는 경우도 있어요. 식량이 부족해지면 각 나라는 자국의 필요를 먼저 챙기려 하지요. 그래서 식량 수출을 제한하거나 모든 식량 자원을 독점하려는 움직임이 나타나요. 이런 움직임은 국제 관계를 불안하게 만들고, 때로는 분쟁의 불씨가 되기도 해요. 특히 물과 땅 같은 식량 생산 기반을 둘러싼 국경 분쟁은 앞으로 더 자주 발생할 수 있어요. 인구는 계속해서 증가할 테고, 식량 문제는 지금보다 더 심각해질 것이기 때문이에요.

한편 식량 지원도 갈등의 도구가 될 수 있어요. 어떤 강대국은 인도주의적* 지원을 내세워 식량을 제공하면서, 동시에 정치적 요구를 함께 제시하기도 해요. 2011년 소말리아에서는 정치적인 이유로 국제기구의 식량 지원이 지연되면서 수많은 사람들이 기근*에 직면했어요. 또한 2001년에 일어난 9·11 테러 이후 시작된 미국과 아프가니스탄 전쟁 당시, 미국은 적국임에도 아프가니스탄에 식량 지원을 했어요. 하지만

* **인도주의적** 인간의 존엄성을 가장 중요하게 여겨, 인종, 민족, 국가, 종교에 상관 없이 인간의 안전과 행복을 바라는 사상이나 태도.
* **기근** 흉년 등으로 식량이 모자라 굶주리는 것.

뒤에서는 무기를 판매하며 전쟁을 이어가는 등 군사 전략과 연결시켜 정치적 영향력을 확대하려 했다는 비판을 받기도 했지요.

　결국 식량 문제는 단지 개인의 식탁 위에서 끝나지 않아요. 그것은 무역을 위협하고, 국가 간 관계를 뒤흔들며, 때로는 전쟁과 내전으로까지 번질 수 있는 심각한 일이에요. 식량은 인간의 기본적인 권리이자, 평화를 지키는 조건이기도 해요. 그렇기 때문에 식량 위기를 단순히 산업의 문제로만 볼 것이 아니라, 국제 정치와 연결된 문제로 인식해야 해요.

　현재를 사는 인류는, 모든 분야에 '지속 가능성'을 우선에 두고 발전을 꾀해야 해요. 지속 가능성이란 현재 세대의 필요는 충족시키고 미래 세대의 가능성을 해치지 않는다는 뜻으로, 환경과 사회, 경제의 조화로운 발전을 말해요. 이건 식량도 마찬가지예요. 지속 가능한 식량 시스템을 만들기 위해서는 식량을 더 많이 생산하는 것보다 중요한 것이 있어요. 바로 식량이 공평하게 분배되고, 무역과 지원이 공정하게 이루어질 수 있는 제도예요. 식량 위기는 한 나라만의 힘으로는 해결할 수 없기 때문에, 국제적인 공감과 협력이 필수지요. 우리 모두가 식량 문제에 관심을 갖고 지켜봐야 하는 이유가 바로 여기에 있어요.

4 식량 불평등은 사회 정의에 어떤 영향을 미칠까?

 식량 문제는 단순히 먹고사는 일이 아니라, 사회가 얼마나 정의로운지를 판단할 수 있는 중요한 기준이 돼요. 정의로운 사회는 누구나 최소한의 생존권을 보장받고, 필요한 자원을 공평하게 누릴 수 있어야 해요. 그런데 현실은 그렇지 않아요. 누군가는 음식을 남기고, 또 누군가는 굶주리는 상황이 계속되고 있지요. 이처럼 식량의 불평등한 분배는 사회 정의를 위협하는 심각한 문제 중 하나예요.

 식량 분배 불평등의 대표적인 문제는 정부와 국민 사이의 사회적 충돌이에요. 2010년 12월에 튀니지에서 시작해 중동과 북아프리카 여러 나라에서 반정부 시위가 일어났어요. 아랍 국가들에서 발생했기 때문에 이 시위를 '아랍의 봄'이라고 해요. 아랍의 봄은 식량 가격 상승과 실업 증가로 인한 국민들의 불만에서 시작되었어요. 그리고 이를 막으려는 정부 기관과 마찰을 일으켜 대규모 저항 운동이 되었지요. 식량 가격이 오르면 가장 먼저 타격을 받는 건 저소득층이거든요. 생존과 직결된 부분이라 물러설 곳이 없는 것이에요. 이런 일들이 반복되면 사회 전체가 불안정해질 수밖에 없어요.

그러니 이제 우리도 음식이 어디서, 어떻게 생산되고 누구의 손을 거쳐 식탁에 오르는지 돌아볼 필요가 있어요. 만약 어떤 지역의 아이들은 건강한 식사를 하고, 다른 지역의 아이들은 하루 한 끼도 못 먹는다면 그건 분명한 불평등이지요. 세계 곳곳에는 이런 불평등이 여전히 존재하고 있어요. 기아와 영양실조는 대부분 가난하고 소외된 계층에서 집중적으로 나타나요. 단지 돈이 없다는 이유로 기본적인 식량조차 얻지 못하는 현실은 국가는 자국민을 보호해야 한다는 사회 정의와 거리가 멀어요.

학교 급식도 좋은 예예요. 지역에서 생산된 농산물을 사용한 급식은 농민들에게는 안정적인 소득을 보장하고, 학생들에게는 건강한 식생활을 제공해요. 더 나아가 식량이 단지 영양뿐 아니라 지역과 환경, 공정한 유통 구조와도 연결되어 있다는 걸 배우는 기회가 되지요. 이런 시스템은 단순히 배를 채우는 것이 아니라, 사회의 다양한 구성원이 서로를 존중하며 함께 살아가는 방식이에요.

식량 생산자들의 권리도 사회 정의의 중요한 축이에요. 특히 농업 노동자들은 힘든 일을 하면서도 낮은 임금과 열악한 환경 속에 놓이는 경우가 많아요. 일부 개발 도상국에서는 아동 노동이나 강제 노동도 발생하고 있어요. 이런 문제를 해결하려면 공정 무역과 같은 윤리적

인 소비가 필요해요. 생산자가 정당한 대가를 받고, 소비자는 책임 있는 소비를 실천함으로써 식량 시스템이 더 정의롭게 작동할 수 있어요.

앞서 이야기했지만, 음식물 쓰레기를 줄이는 것도 사회 정의에 연결돼요. 전 세계적으로 생산된 식량의 약 3분의 1이 버려지지만, 동시에 8억 명이 굶주림에 시달리고 있어요. 이 모순을 줄이기 위해 사회 곳곳에서 식량을 공유하거나 농산물을 직거래하는 장터를 여는 등 다양한 시스템을 운영하고 있어요. 음식이 필요한 사람과 남는 음식을 연결하는 이런 활동은 사회적 연대와 정의를 실천하는 방식이 될 수 있어요.

이런 문제를 해결하기 위해 많은 나라들이 노력하고 있어요. 우리나라는 '푸드뱅크(Food Bank) 프로그램'을 운영해요. 이를 통해 기업이나 개인에 식품과 생활용품을 기부받아 필요한 곳에 제공하고 있지요. 브라질은 2003년에 '포미 제로(Fome Zero)'라는 복지 정책을 시행했어요. '배고픔은 없다'라는 뜻으로, 식량 배급, 영양 교육, 소득 보조 등 기아와 영양실조를 줄이기 위해 노력했고, 실제로 기아를 많이 줄였다고 해요. 인도는 '공공 배급 시스템(PDS: Public Distribution System)'을 통해 쌀, 밀, 설탕 같은 기본 식품을 보조금으로 저소득층에게 공급하고 있어요. 이처럼 식량의 재분배는 불평등을 완화하고, 모두가 기본적인 권리를 누릴 수 있도록 도와주는 일이랍니다.

식량 문제는 인권, 공정한 기회, 사회적 평등과 깊이 연결돼 있어요. 지속 가능한 식량 시스템을 만들기 위해서는 생산자와 소비자, 정부, 국제 사회가 함께 협력해야 해요. 유엔 세계식량계획(WFP: World Food Programme) 같은 기관은 전 세계 빈곤층에게 긴급 식량과 영양 프로그램을 제공하며 정의로운 사회를 만들기 위한 노력을 이어가고 있어요. 우리 모두가 이 문제를 외면하지 않고, 작은 실천을 통해 함께 바꿔 나가는 것이 중요하답니다.

식량 위기의 나비 효과, '아랍의 봄' 이야기

식량 위기는 단순히 밥을 못 먹는 문제일까요? 그렇지 않아요. 식량 문제는 한 나라의 정치, 경제, 사회 전체를 뒤흔들 수 있는 강력한 영향력을 가지고 있답니다. '아랍의 봄'은 바로 그 대표적인 사례예요.

2010년 12월, 북아프리카의 튀니지에서 모하메드 부아지지라는 청년이 일자리를 찾지 못해 길거리에서 과일 장사를 했어요. 하지만 무허가 노점 단속을 하던 경찰에게 과일과 수레 등 모든 것을 빼앗겼고, 이에 항의를 하다 결국 극단적인 선택을 했지요. 이 사건은 사람들의 분노에 불을 지폈고, 곧 대규모 시위로 번졌어요. 그런데 이 시위의 바탕에는 식량 가격의 급등이 있었어요. 당시 밀, 쌀, 옥수수 같은 주요 곡물 가격이 폭등하면서 많은 서민 가정은 기본적인 식사조차 감당하기 어려웠지요.

유엔 식량농업기구(FAO)에 따르면 2008년 세계 식량 가격 지수는 지난 해에 비해 40% 이상 상승했어요. 그래서 식량을 수입에 의존하던 튀니지와 이집트 같은 나라들은 가격 상승의 직격탄을 맞았고, 이로 인해 시민들의 생활은 더욱 팍팍해졌지요. 먹고살기조차 힘든 상황에서 정부의 부정부패와 실업 문제까지 겹치니, 국민들의 불만은 결국 터져 나왔어요.

이집트에서는 2011년 1월 25일, 식량 가격 상승과 높은 실업률에 분노한 시민들이 시위를 시작했어요. 이 시위는 무려 30년 동안 권력을 잡고 있던 호스니 무바라크 대통령의 퇴진으로 이어졌지요. 많은 사람들은 이 사건을 단순한 정치 운동으로만 보지만 그 근본에는 '식량 불안정'이라는 중요한 요인이 있었던 거예요.

두 나라뿐 아니라 같은 시기 리비아, 시리아, 예멘 등 다른 아랍 국가들에서도 비슷한 시위가 이어졌어요. 이 일련의 사건들을 묶어서 '아랍의 봄'이라 불러요. 그 시작과 이유는 조금씩 다르지만 공통점은 식량 가격 상승이에요. 그리고 기본적인 목표는 '먹을 것을 달라'예요. 식량 가격을 안정화시켜 달라고요. 그러다 정치와 경제 모든 면에 쌓인 불만이 터지면서 정권 교체와 사회체제까지 바꾸길 요구했어요. 결국 당시의 정권은 대부분 바뀌었지만, 국민들의 고난은 아직 해결되지 못하고 있어요.

식량 가격이 왜 이렇게 큰 영향을 줄까요? 기본적인 먹거리가 부족해지면 사람들의 삶은 직접적인 위협을 받아요. 하루하루의 끼니가 걱정되는 상황에서 불평등, 부정부패, 불공정한 정책이 겹치면 사회는 점점 더 불안해지고 결국 폭발할 수밖에 없어요.

　이처럼 식량 위기는 단순한 생존의 문제가 아니라, 정치적 변화와도 깊은 관련이 있어요. 때문에 '아랍의 봄'은 우리에게 중요한 교훈을 줘요. 먹거리 문제를 가볍게 보면 안 된다는 것, 그리고 공정하고 안정적인 식량 공급 시스템이야말로 나라를 지키는 가장 중요한 기반이 될 수 있다는 것이랍니다.

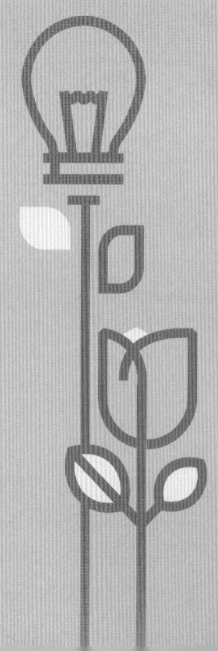

제4장
[우리나라는 식량 위기에서 안전할까?]

식량 위기는 특정 나라만의 문제가 아니에요.
우리나라도 식량 위기를 극복할 방법을
적극적으로 찾고, 실천해야 하는 상황이지요.
현재 어떤 상황으로 위기가 찾아온 건지
함께 알아볼까요?

1 우리나라도 식량 위기를 겪을 수 있을까?

많은 사람들은 우리나라가 비교적 안정된 경제와 사회 구조를 갖추고 있기 때문에 식량 위기와는 거리가 있다고 생각해요. 물도 풍부하고 모든 식량이 우리 주변에서 흔히 볼 수 있으니까요. 하지만 실제로는 그렇지 않아요. 기후 변화, 수입 의존, 농업 구조의 변화 같은 사회적인 문제와 서구화된 식생활의 개인적인 기호 등 다양한 문제들이 겹치면서 우리나라도 언제든 식량 위기에 직면할 수 있는 상황에 놓여 있답니다.

우리나라는 예부터 나라의 근본을 농업이라 여길 정도로 쌀을 중심으로 한 농업 국가였어요. 한반도가 기후와 지형이 벼농사에 적합했거든요. 나라에 내는 세금이 쌀이었을 때가 있었고, 창고에 쌀을 얼마나 많이 쌓아 놓느냐를 부의 기준으로 삼기도 했어요. 하지만 산업화가 급속히 진행되면서 농업보다는 다른 산업의 비중이 높아졌고, 많은 사람들이 도시로 떠나면서 농촌은 점점 인구가 줄어들었어요.

과거 우리나라에도 여러 차례 식량 위기가 있었어요. 6·25전쟁 이후, 1950~1960년대 초반에는 전쟁 피해와 농업 기반 붕괴로 극심한 식량난을 겪었어요. 농사를 지을 사람도, 땅도 부족했기에 굶주리는 사람들이 많았고 외국의 도움에 의존해야 했지요. 1970년대에는 통일벼 개발, 농업의 기계화, 비료 보급 등을 통해 자급률이 크게 향상되었지만 산업 발달을 우선으로 한 1990년대 이후에는 농업 인구 감소와 농수산품 수입 개방으로 자급률이 점점 낮아졌어요.

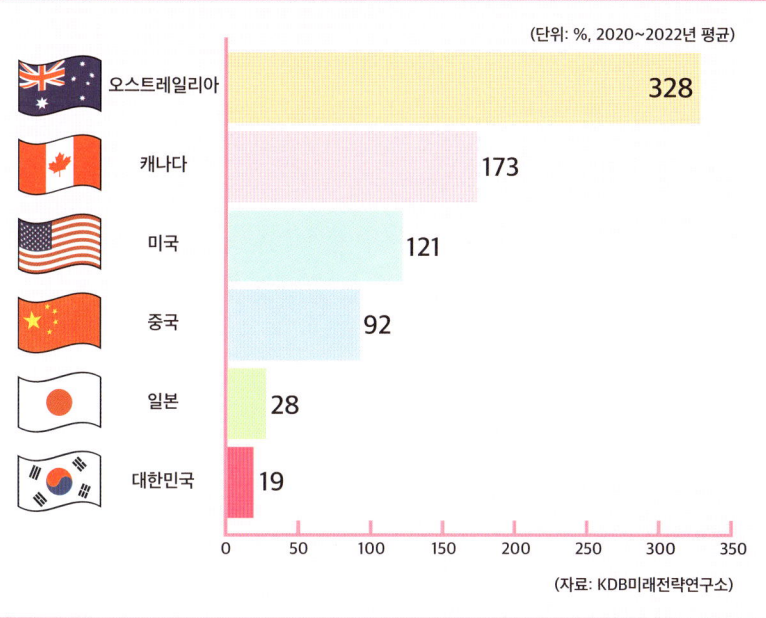

▲우리나라의 곡물 자급률

현재 우리나라의 식량 자급률은 매우 낮아요. 식량 자급률이란 한 나라의 전체 식량 소비량에서, 자국에서 생산하는 식량이 차지하는 비율을 뜻해요. 즉 '국산'이라는 말이에요. 그런데 우리나라는 쌀을 제외한 밀, 옥수수, 콩 등 주요 곡물 대부분은 수입에 의존하고 있어요. 2023년 기준 우리나라의 밀 자급률은 1.1%, 옥수수는 0.8%도 되지 않아요. 이 말은 해외 곡물 시장에 문제가 생기면 우리는 직접적인 타격을 받는다는 뜻이에요. 실제로 2022년 러시아·우크라이나 전쟁 이후 밀 수출이 어려워지면서 전 세계 밀 가격이 급등했고, 우리나라 라면과 빵 가격도 함께 올랐지요. 하지만 밀 수입을 중단할 수는 없어요. 우리가 자주 먹는 떡볶이, 빵, 쿠키, 피자, 라면, 짜장면 등 너무나 많은 음식에 밀가루가 사용되기 때문이에요. 세계의 여러 음식을 맛볼 기회가 많아지면서 우리의 입맛도 달라졌거든요. 밀가루가 들어가지 않는 음식을 찾기 어려울 정도예요.

<몽스터즈 손오공을 소개합니다>

나는 세계 최강 원숭이다!

특징 1
머리 위에 반짝이는 금고아 착용

특징 2
언제 어디서든 부르면 날아오는 근두운 보유

우리는 몽스터즈

30초로 보는 몽스터즈

아울북의 새로운 손오공 등장!
고전 소설 서유기가 신나는 모험으로 다시 태어났다!

재있다!

유익하다!

↳ 손오공 빅카드를 드립니다!

NEW

안녕! 나야 **마법천자문** 손오공,
내 동생들이 나온다고 하니까 기대해 줘!
다시 읽고 싶은 무한 재미 보장!

마법천자문 손오공 추천도서

아울북

그렇다면 우리나라에서 직접 밀을 재배하면 되지 않느냐는 생각이 들 거예요. 역사적으로 보면 밀은 삼국 시대 이전부터 재배한 것으로 추정되며, 1961년 한국의 밀 자급률은 39.8% 정도로 높은 편이었어요. 하지만 해외 원조와 대량 수입이 되면서 점차 자급률이 줄어들었지요. 또 당시에는 밀가루로 만든 음식이 우리나라에 익숙치 않았기 때문이에요. 점차 밀가루 음식을 선호하면서 소비량이 증가했지만 그땐 밀 재배가 현저히 줄어든 때였어요. 무엇보다 우리나라에서 자란 밀은 서양의 것보다 품질이 낮았고, 가격 경쟁도 되지 못했어요. 우리나라 기후와 땅이 밀 재배에 적합하지 않아 수확량이 많지 않았거든요. 그런 상태에서 사람들의 입맛은 계속해서 바뀌니, 문제가 발생할 수밖에요.

식량 위기 이야기로 다시 돌아와서, 우리나라의 기후 변화 역시 우리 농업을 위협하고 있어요. 동아시아에 속한 우리나라는 예부터 사계절이 뚜렷하고 여름 강수량도 많아, 땅은 좁지만 기후는 농사짓기 좋은 조건이었어요. 하지만 환경 오염으로 여름철 폭염, 겨울철 한파, 태풍과 홍수 같은 이상기후가 반복되면서 농작물 수확량이 줄고 있어요. 특히 가뭄이나 침수 피해가 늘어나면서 벼농사를 짓거나 과수원

* 원조 물품이나 돈을 보내 도와줌.

을 하는 농가에 큰 타격이 가해지고 있지요. 게다가 환경 오염과 기후 변화로 인해 병해충이 많아져 농약 사용량도 증가하는 추세예요. 이는 식량 생산의 안정성을 약화시키고, 가격 상승으로 이어지게 돼요.

 문제는 단순히 식량 생산량만이 아니에요. 우리의 식생활이 시간이 지날수록 변했다고 했지요? 그 변화도 식량 위기와 연결이 돼요. 과거에는 밥이 주식이었지만, 요즘은 빵이나 면처럼 밀가루를 많이 먹어요. 그럼 단순히 밀 소비가 늘어나는 것만이 아니에요. 그만큼 쌀 소비가 줄어드는 게 가장 큰 문제지요. 2024년 우리나라의 쌀 생산량은 358톤 정도예요. 많은 거 아니냐고요? 양만 따지면 많을 수 있어요. 하지만 쌀 생산량은 전에 비해 조금씩 줄어들고 있어요. 또한 세계무역기구(WTO: World Trade Organization)에 가입한 후에는 각 나라마다 일정량을 의무적으로 수입해야 했어요. 수입된 쌀은 주로 가공되어 사료로 사용되지만, 국산 쌀을 사람들이 점점 덜 먹게 되니 소비량이 계속 줄어들어 농민들이 벼농사를 포기하는 경우도 생겨요. 농민들도 돈을 벌어야 생활을 하고, 다음 해 농사를 위한 준비를 하는데 쌀 소비가 줄면 돈을 벌 수가 없으니까요. 이렇게 농업 기반이 무너지면, 나라의 위기 상황에서 식량을 자체적으로 확보할 능력도 함께 무너지게 되는 거예요.
 이런 여러 가지 상황을 보면 우리나라도 식량 위기에서 안전하다고 말하기는 어려워요. 수입 의존도가 높고, 기후 변화와 농업 기반 붕괴 문제가 복합적으로 작용하고 있기 때문이에요. 앞으로 식량 안보를 지키기 위해서는 우리나라 기후에 강한 농작물 개발, 청년 농업인 육성, 식량 수입 다변화는 물론 국내산 식재료 구입 등 나라와 개인 모두의 노력이 필요해요. 환경 보호는 기본이겠고요.

  식량 위기는 먼 나라의 이야기가 아니에요. 우리 주변에서도 조용히, 그러나 꾸준히 다가오고 있어요. 지금부터라도 우리는 우리 식탁 위 음식이 어디에서 어떻게 오는지, 앞으로 어떻게 지킬 수 있을지를 함께 고민해야 할 때예요.

2 도시가 커질수록 농촌은 어떻게 변할까?

  도시는 점점 커지고 있고 그만큼 농촌은 점점 작아지고 있어요. 도시화는 단순히 사람들이 도시에 모이는 현상이 아니라, 우리 삶의 형태에 영향을 주는 중요한 요인이에요. 특히 우리나라는 세계에서도 손

---

* **식량 수입 다변화** 식량 수입의 의존도를 맞추고 식량 공급 안정성을 높이기 위해 여러 국가에서 식량을 수입하는 전략.

꼽히는 속도로 도시화가 진행된 나라 중 하나로, 이 변화는 농업 구조와 식량 생산에 큰 영향을 주었어요.

　1970년대까지만 해도 우리나라 인구의 절반 이상이 농촌에 살며 농업에 종사했지만 지금은 전체 인구의 4% 정도만이 농업에 종사하고 있어요. 동시에 도시가 개발되면서 농지의 많은 부분이 주택이나 공장, 도로로 바뀌었어요. 1970년에는 농업이 국내총생산(GDP: Gross Domestic Product)의 25%를 차지했지만, 2021년 기준으로는 1.7%에 불과해요. 농사를 지을 수 있는 사람과 땅이 줄어들면 자연스럽게 자급률

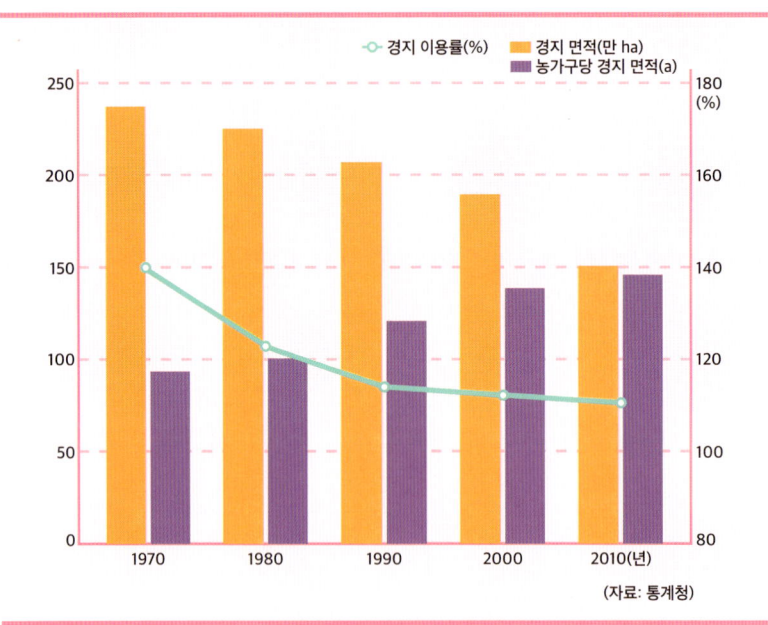

▲ 우리나라 농경지 면적의 변화

도 떨어질 수밖에 없지요.

　농촌 인구의 고령화도 문제예요. 젊은 세대는 도시로 떠나 농촌에는 60~70대 이상의 고령 농민이 대부분이에요. 2023년 기준으로 우리나라 농업 종사자의 평균 연령은 약 67세로, 2050년까지 농업에 종사하는 노동력이 절반 이하로 줄어들 거라는 예측도 있어요. 젊은 세대는 도시를 선호하고 농업에 관심이 적기 때문에 기술 발전도 더딘 상황이에요. 이는 곧 장기적인 식량 생산 기반이 점점 약화되고 있다는 뜻이에요. 농업에 종사할 젊은 인력이 부족하면 앞으로 농산물을 누가 생산할까요?

　이젠 생산량만의 문제가 아니라는 걸 알 수 있을 거예요. 생산량이 줄어들면 가격은 올라가고, 그러면 구입하기 부담스러워져요. 결국 상대적으로 저렴한 수입 쌀을 소비하게 될 것이고, 이는 자급률을 더욱 낮추는 원인이 돼요. 더 멀리 내다보면 우리나라는 식량을 수입에 의존하는, 불안정한 나라가 될 확률이 높답니다.

　도시화는 또 다른 문제도 만들어 냈어요. 농산물이 도시로 이동하는 공급망이 길어지면 수급 불안정이 생기기 쉬워졌어요. 폭염이나 홍수가 발생하면 일부 지역에서 생산이 중단되고, 도시에서는 제때 식량을 받지 못해 물가가 오를 수 있어요. 특히 도시 주변의 농지가 사라질

수록 식량 유통의 효율은 낮아지고 비용은 올라가게 되지요.

　소비 패턴도 도시화와 함께 변했어요. 전통적으로 쌀과 채소 위주로 먹던 식단은 점점 고기와 가공식품 위주로 바뀌었어요. 사람들은 아침 일찍 출근해 저녁 늦게 퇴근을 해요. 밤에 출근해서 아침에 퇴근하는 사람들도 많고요. 이렇게 바쁜 하루를 지내다 보면 음식을 만들고 먹을 시간도 부족해요. 그래서 편리하고 빠른 식사를 선호하게 되어 외식을 하거나 냉동식품, 라면, 빵 등의 소비가 늘고 있어요. 문제는 이런 식품들이 대부분 수입 원료를 사용한다는 거예요. 공장에서 대량 생산되기 때문에 식재료가 많이 필요하거든요. 이는 곧 국내 농산

물의 소비가 줄고, 수입 의존이 높아지는 결과로 이어져요.

　1980년대 이후 도시화는 우리 식량 안보에도 영향을 주었어요. 산업화가 급속히 진행되면서 농업 기반은 약해졌고 식량 수요는 급증했어요. 정부는 농업 지원 정책을 도입했지만 도시 중심의 개발로 농지는 계속 줄어들고 농민은 감소했어요. 결국 우리는 더 많은 식량을 해외에서 들여와야 했고, 수입에 대한 의존도가 점점 높아졌지요.

　하지만 도시화가 꼭 나쁜 것만은 아니에요. 최근에는 도시 농업이라는 새로운 흐름도 생기고 있어요. 도심 옥상이나 공터, 학교나 아파

트 단지 안에 작은 텃밭을 만들어 농작물을 재배하는 사람들이 늘어나고 있지요. 도심과 가까운 교외에 농장을 만들어 첨단 기술을 접목시킨 '스마트팜' 농업을 활성화시키고 있어요. 사람들이 딸기나 블루베리 등을 직접 수확해 볼 수도 있고, 농장 바로 옆에 놀이 시설을 만들어 아이들에게도 친근감을 주지요. 이렇게 도시 농업은 식량 자급률을 조금이라도 높이는 데 도움이 되고, 시민들이 직접 체험할 수 있는 기회를 제공해요.

앞으로 도시와 농촌이 함께 살아갈 수 있는 방법을 고민해야 해요. 도시화는 멈출 수 없지만, 그 안에서도 지속 가능한 식량 생산 체계가 마련되어야 하지요. 또한 지역 농산물을 소비하고 도시 안에서도 농업이 살아남을 수 있도록 정책과 기술 지원이 필요해요. 그래야 우리가 앞으로도 안정적인 식량을 먹을 수 있는 사회가 될 수 있답니다.

3 우리 주변의 식량 취약층은 누구일까?

식량은 누구에게나 필요한 기본적인 권리예요. 그런데 현실에서는 이 권리가 모두에게 평등하게 주어지지 않아요. 오늘도 전 세계 수많은 사람들이 굶주림에 시달리고 있고, 우리 주변에도 식사를 제대로 하지 못하는 이들이 있어요. 지금도 지구 어딘가에서는 배고픔으로 목숨을 잃는 사람들이 발생해요. 식량 접근권의 사각지대에 놓인 사람들, 즉 '식량 취약층'은 누구일까요?

    대표적인 식량 취약층은 저소득층이에요. 경제적 여건이 열악한 사람들은 식재료를 사는 데 어려움을 겪고, 영양가 있는 음식보다는 값싼 가공식품에 의존하게 되지요. 이는 건강에 부정적인 영향을 줄 수밖에 없어요. 2023년 유엔 식량농업기구(FAO)에 따르면, 전 세계적으로 약 8억 명이 극심한 빈곤으로 인해 식량을 충분히 얻지 못하고 있고, 약 26억 명은 건강한 식단을 챙길 수 없는 상황이라고 해요. 우리나라에서도 도시 저소득층 일부는 하루 한 끼도 제대로 먹지 못해요. 특히 아동과 청소년들이요. 이 시기는 몸과 뇌가 빠르게 성장하기 때문에 영양소를 골고루 섭취하는 게 정말 중요해요. 그런데 저소득 가정이나 어른의 돌봄을 충분히 받지 못하는 아이들은 영양이 부족해 키와 몸무게가 또래보다 작거나 질병에 노출되기 쉽고, 집중력이 떨어져 공부를 하기도 힘들어져요. 실제로 보건복지부 조사에 따르면, 우리나라에서도 결식 위험에 놓인 아동이 30만 명이 넘는다고 해요. 이런 아이들은 학교 급식이 유일한 한 끼인 경우도 있어요.

노인도 식량 접근이 어려운 계층이에요. 특히 혼자 사는 노인이나 경제적으로 어려운 노인은 시장이나 마트에 가기 힘들고, 식사 준비도 어려워 하루 한 끼만 간단히 먹고 넘어가는 경우도 많아요. 2022년 통계청 자료를 보면 우리나라 65세 이상 노인 중 약 38%가 혼자 끼니를 해결한다고 답했다고 해요. 이 과정에서 건강이 나빠지고, 우울증 같은 정신 건강 문제로 이어지는 경우도 있어요. 최근엔 '무료 경로 식당'이나 '도시락 배달 서비스' 같은 지원이 늘고 있지만, 여전히 사각지대에 놓인 노인들이 많아요.

장애인이나 만성질환자도 식량 취약층으로 꼽혀요. 거동이 불편하거나 일하기 어려워서 스스로 식재료를 사거나 요리하기가 힘들어요. 특히 치료비 때문에 생활비가 부족하면 식사부터 줄이는 경우도 있어요. 한국장애인개발원 조사에 따르면, 저소득 장애인 가구 10명 중 2명은 하루 세 끼를 제대로 챙기지 못한다고 해요. 이렇게 되면 건강이 더 나빠져서 병원에 자주 가게 되고, 또 돈이 더 많이 드는 악순환에 빠진답니다.

또, 우리나라에는 이주 노동자와 탈북민 같은 사람들도 식량에 취약한 상황에 놓일 때가 있어요. 생계를 위해 고향을 떠나 새로운 삶을 시작한 사람들이지만 언어와 문화의 차이, 낮은 소득 때문에 충분히 먹고살기가 힘들어요. 몇몇은 식품 지원을 받거나 지역 단체의 도움을 받아 생활을 이어가고, 특히 겨울철 난방비 부담이 커지면 먹을 것을 줄여서 버티는 경우도 많다고 해요.

이처럼 식량 취약층은 단지 먹지 못하는 것이 아니라, 건강, 교육, 경제적 기회까지 박탈당하고 있어요. 노벨경제학상을 받은 세계적인 경제학자 아마티아 센 교수는 "식량 부족은 단순한 배고픔이 아니라, 인간의 존엄성과 권리를 빼앗는 일"이라고 말했어요. 즉 식량 접근은 인권의 문제이며, 사회 정의의 기준이기도 한 것이지요.

우리 사회의 식량 위기를 단순히 '굶는 문제'로만 보면 안 돼요. 지역 푸드뱅크 확대, 무료 급식 프로그램, 저소득층 아동 지원 확대 등 다양한 정책과 제도가 이 문제 해결에 도움을 줄 수 있어요. 나아가 소비자인 우리도 음식 낭비를 줄이고, 공정한 식량 소비를 실천함으로써 식량 위기 극복에 동참할 수 있답니다.

우리가 살아가는 이 사회에서 한 끼 식사조차 어려운 이웃이 있다면 그것은 단지 그 사람의 문제가 아니라 모두가 함께 해결해야 할 사회적 과제예요. 식량이 인간의 기본 권리이기 때문에 우리는 그 권리가 누구에게나 공평하게 보장될 수 있도록 함께 고민하고 행동해야 해요. 그것이 바로 식량 정의이고, 지속 가능한 사회로 가는 첫걸음이에요.

4 수입 식품에 많이 의존해도 괜찮을까?

최근에 먹은 음식들을 떠올려 보세요. 밥과 국, 찌개, 김치, 김, 불고기 등 우리나라 고유의 음식 외에도 햄버거, 스파게티, 초밥, 쌀국수, 마라탕, 커리 등 외국의 음식들도 많을 거예요. 예전보다 다른 나라의 음식을 접하는 기회가 무척이나 많아졌지요. 사실 다른 나라의 문화를 쉽게 접하는 방법 중 하나가 바로 음식이에요. 다른 나라에 직접 가지 않아도 음식을 먹으며 다른 나라의 분위기를 느낄 수 있거든요. 그런데 우리나라 식탁에 올라오는 음식 중 상당수가 외국에서 수입된 식재료로 만들어져 있다는 사실, 알고 있나요? 쌀을 제외한 밀, 옥수수, 콩 등 주요 곡물과 고기, 생선 등 대부분을 해외에서 들여오고 있어요. 그 나라 음식의 맛을 내기 위한 조미료들도요. 이렇게 수입 의존도가 높은 상황에서, 과연 우리의 식량은 안전하다고 할 수 있을까요?

> 피자를 집에서 만들려면 (수입) 밀가루, (수입) 올리브유, 토마토 소스, 소시지, (수입) 올리브, (수입) 바질, 버섯, 피망이 필요해.

우리나라도 다른 나라에 식량을 수출하기 때문에 수입하는 것 자체가 나쁜 것이 아니에요. 하지만 수입 식량에 의존도가 점점 높아지면 국제 사회의 불안정성이 커질수록 수입 식량의 가격과 공급이 쉽게 흔들린다는 문제가 발생해요. 실제로 2008년 세계 곡물 가격이 급등했을 때 수입 가격 상승이 국내 식품 가격에 직접적인 영향을 미쳤고, 많은 가정이 경제적 부담을 크게 느꼈어요. 2021년에는 코로나19가 전 세계적으로 확산되면서 국내외로의 이동이 극히 제한되어 무역길 또한 막혔고, 2022년에는 러시아·우크라이나 전쟁 발발 등으로 식량 가격이 불안정해졌어요. 특히 우크라이나는 밀, 러시아는 명태, 새우 등의 세계적인 수출국이에요. 때문에 전쟁으로 수출이 막히면서 식량 가격이 세계적으로 크게 올랐지요. 우리나라도 마찬가지였고요.

수입된 식량은 식중독 등의 위험에서 안전한 상태가 대부분이에요. 하지만 일부는 어떤 상태인지 알 수 없을 때도 있어요. 다른 나라에서 우리나라로 이동되는 시간이 길어 변질될 수도 있고, 세균이 번식될 위험도 있어요. 또한 나라마다 농약 사용량과 생산 과정의 기준이 달라요. 드물지만 다른 나라의 식재료가 우리의 몸에 잘 맞지 않을 가능성도 있지요. '신토불이(身土不二)', 즉 몸과 땅은 둘이 아니라는 말은 자기 땅에서 나고 자란 농산물이 자기 몸에 잘 맞는다는 말이에요. 각각의 나라마다 땅의 성질이 다르다고 했지요? 그래서 농작물도 나라마다 조금씩 다르고요. 사람도 마찬가지예요. 이 땅을 밟고 살아가기 때문에 땅의 영향을 받을 수밖에 없는데, 그러면 사람과 같은 땅에서 난 식량을 먹는 편이 좋다는 뜻이에요.

수입에 대한 지나친 의존은 식량 위기 상황에서 더 큰 위험을 불러올 수 있어요. '이코노미스트 인텔리전스 유닛(EIU)'의 2022년 보고서에 따르면 우리나라 세계식량안보지수는 113개국 중 39위, 경제 협력 개발 기구(OECD: Organization for Economic Cooperation and Development) 국가 중에서는 최하위권이에요. 이는 국제 식량 위기가 닥쳤을 때 우리나라가 선진국 중에서도 가장 먼저 타격을 입을 수 있다는 걸 의미해요. 언제든 식량을 구할 수 있는 것이 아니라는 사실을 잊지 말아야 해요.

순위	나라	총점
1	핀란드	83.7
2	아일랜드	81.7
3	노르웨이	80.5
4	프랑스	80.2
5	네덜란드	80.1
6	일본	79.5
7	캐나다	79.1
8	스웨덴	79.1
9	영국	78.8
10	포르투갈	78.7
11	스위스	78.2
12	오스트리아	78.1
13	미국	78.0
:		
23	UAE	75.2
25	중국	74.2
28	싱가포르	73.1
30	카타르	72.4
39	한국	70.2

(자료: EIU-Economist Intelligence Unit)

▲ 2022년 세계식량안보지수(GFSI) 나라별 순위

　그럼에도 수입 식량에 대한 의존도는 높아지고 있어요. 이를 해결하기 위해선 농업에 대한 투자와 관심이 반드시 필요해요. 스마트 농업 기술을 도입해 노동력 부족 문제를 보완하고, 생산성을 높이는 방법이 중요하지요. 자동화된 온실 재배 시스템이나 드론을 활용한 정밀 농업 기술은 농업의 미래를 바꿀 수 있어요. 기후 변화에 강한 작물 품종을 개발하거나, 기후 변화에 적응할 수 있는 농업 시스템을 구축하는 것도 식량 위기를 줄이는 데 중요한 역할을 한답니다.

　우리는 단지 먹을 것을 외국에서 사온다고 끝나는 게 아니에요. 수입 식품은 장거리 운송 과정에서 많은 온실가스를 배출하고, 이산화

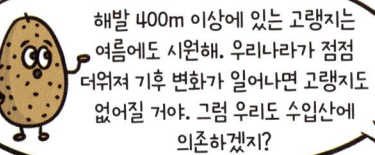

탄소 증가로 기후 변화가 더욱 악화될 수 있어요. 또 외국에서 식량을 조달하다 보면 수입국의 정치적 상황이나 무역 조건에도 영향을 받아요. 식량이 무기처럼 이용될 수 있다는 경고가 실제로도 여러 차례 있었답니다.

결국 식량을 스스로 생산하지 못하고 외국에 의존하게 되면 위기 상황에서 우리는 속수무책으로 흔들릴 수밖에 없어요. 지금은 당장 편리하게 느껴질 수 있지만, 장기적으로 보면 안정적인 식량 자급 기반을 갖추는 것이 훨씬 중요해요. 그래야 우리도 언젠가 다가올 식량 위기에 대비할 수 있지 않을까요?

나는 무, 고추, 마늘과 함께 우리나라 4대 채소 중 하나인데, 이대로라면 빠질 수도 있어.

농산물의 적정 온도, 작물도 기후를 느낀다!

　기온이 1℃만 올라가도 작물은 금방 알아차려요. 마치 사람처럼 작물도 온도와 날씨에 아주 민감하게 반응하지요. 작물들은 햇빛, 기온, 습도, 강수량 같은 환경 조건에 따라 잘 자라기도 하고, 갑자기 시들거나 병에 걸리기도 해요. 기후 변화는 단순히 더워지고 추워지는 문제를 넘어서, 우리가 먹는 음식의 양과 질을 바꾸는 큰 영향을 주고 있어요.

　예를 들어 볼까요? 대표적인 여름 작물인 고추는 30℃ 이상의 더위가 계속되면 꽃이 잘 피지 않아요. 꽃이 없으면 당연히 열매도 없겠지요? 그리고 배추는 너무 따뜻한 겨울을 나면 꽃이 일찍 피는 '추대 현상'이 나타나는데, 이렇게 되면 배추 속이 차지 않고 겉잎만 퍼져서 김장에 사용할 수 없어요. 실제로 최근 몇 년 사이 배추 가격이 폭등한 적이 여러 번 있었는데, 이유 중 하나가 이상 기온이었어요.

　또한 벼는 밤 기온이 너무 높아지면 쌀알이 제대로 영글지 않아요. 이때 생기는 쌀알은 색이 뿌옇고 속이 덜 차요. 2023년 여름, 우리나라에서는 이상 기온 때문에 벼가 익지 않아 쌀 생산량이 크게 줄었어요. 반대로 사과 같은 과일은 밤낮의 온도 차가 커야 단맛이 강해지는데, 온도가 계속 높으면 단맛이 약해지고 저장성도 떨어지지요.

　그래서 요즘 과학자들은 '작물 생체 데이터'를 수집해서 온도 변화에

작물이 어떻게 반응하는지를 관찰하고 있어요. 농촌진흥청에서는 벼, 감자, 배추 등 주요 작물에 대해 온도 민감도와 생육 데이터를 분석해, 기후 변화에 강한 품종을 개발하려 노력 중이에요.

기후 변화가 계속되면 우리가 좋아하는 음식이 사라질 수도 있어요. 초콜릿의 원료인 카카오, 바나나 같은 작물들은 기온과 강수량에 매우 예민해서 일부 지역에서는 점점 재배가 어려워지고 있어요. 지금처럼 온실가스가 계속 늘어난다면 언젠가는 초콜릿은 사치품이 되는 날이 온다는 걸, 기억해야 해요.

작물도 사람처럼 기후를 느끼고, 그 변화에 반응해요. 그러니 기후 변화에 강한 품종을 개발하고, 온실가스 배출을 줄이는 생활 습관을 실천하는 것이 작물과 우리 모두를 지키는 길일 거예요.

제5장

[식량 위기를 어떻게 극복할 수 있을까?]

식량 위기를 극복하지 못하면
지구상의 인류는 생존에 크나큰 위협을 받아요.
어쩌면 살아남을 수 없을 가능성도 높고요.
한 사람의 힘으로도 안 되고, 나라가, 세계가 모두
한마음으로 풀어야 할 숙제입니다.

1 세계는 식량 위기에 어떻게 대응하고 있을까?

식량 위기를 해결하기 위해 전 세계가 함께 노력하고 있어요. 특히 유엔을 비롯한 여러 국제 기구들은 각국이 혼자서는 감당하기 어려운 식량 문제에 대해 협력하고 있답니다. 대표적인 기구로는 유엔 세계식량계획(WFP), 유엔 식량농업기구(FAO), 국제농업개발기금(IFAD: International Fund for Agricultural Development)이 있어요. 이 기구들은 긴급 식량 지원, 농업 기술 제공, 기후 변화 대응 등 다양한 방법으로 굶주림 문제를 해결하려 애쓰고 있지요.

먼저 유엔 세계식량계획(WFP)은 전쟁이나 자연재해로 인해 식량이 부족해진 지역에 음식을 긴급히 전달하는 일을 해요. 2022년, 가뭄으로 어려움을 겪고 있던 소말리아에서 많은 사람이 굶주림에 처했을 때, 이 기구는 신속하게 음식과 마실 물을 지원해 수많은 생명을 살렸어요. 또 단순한 구호에 그치지 않고, 씨앗과 농기구를 제공하고 농업 교육도 함께 진행하여 사람들이 스스로 농사를 지어 살아갈 수 있도록 돕고 있어요.

유엔 세계식량계획(WFP)은 코로나19 팬데믹 당시에도 큰 역할을 했어요. 88개국의 1억 명 이상에게 식량을 지원했고, 이 공로로 2020년 노벨평화상을 받았어요. 이들은 "최고의 백신은 식량이다."라는 메시지를 강조하면서, 식량 지원이 단순히 배고픔을 해결하는 것을 넘어 평화와 안보에도 큰 영향을 준다고 말했어요.

다음은 유엔 식량농업기구(FAO)예요. 이 기구는 식량 위기의 근본적인 원인을 해결하려는 노력을 하고 있어요. 농민들에게 지속 가능한 농업 기술을 알려 주고, 기후 변화에 강한 작물 품종을 개발하여 보급하기도 하지요. 중국에서는 해충을 없애기 위해 화학 약품 대신 천적 곤충을 사용하는 법을 알려 주었고, 덕분에 농약 사용은 줄이고 수확량은 늘릴 수 있었어요. 이렇게 유엔 식량농업기구(FAO)는 환경도 지키면서 안정적인 식량 생산이 가능하도록 돕고 있어요.

또한 유엔 식량농업기구(FAO)는 기후 변화에 잘 견디는 작물을 연구하고 있어요. 예를 들어 가뭄에 강한 쌀이나 염분이 많은 땅에서도 자라는 밀 품종 등을 개발해, 어려운 기후 조건에서도 식량을 생산할 수 있도록 지원해요. 동남아시아 지역에서는 농업 학교를 운영해 농민들에게 보관 기술이나 수확량을 늘리는 방법 등 실질적인 교육도 제공하고 있답니다.

마지막으로 소개할 기관은 국제농업개발기금(IFAD)이에요. 이 기구는 가난한 농촌 지역을 중점적으로 돕고 있어요. 아프리카의 한 마을에서는 농기구를 살 돈이 없어 농사를 짓기 어려웠는데, 국제농업개발기금(IFAD)이 자금을 지원하고 농사법을 알려 준 덕분에 다시 자립할 수 있게 되었다고 해요. 이처럼 소외된 농촌 지역에 필요한 자금과 지식을 제공해 농업 생산성을 높이고 있지요.

이러한 국제기구들은 서로 협력하며 긴급한 식량 지원, 농업 기술 개발, 정책 개선, 국제 연대 강화 등의 방법으로 식량 위기에 대응해요. 유엔 세계식량계획(WFP)은 긴급 상황에 신속한 대응을, 유엔 식량농업기구(FAO)는 기술과 교육을, 국제농업개발기금(IFAD)은 장기적인 농촌 개발을 맡고 있지요. 각자의 역할이 다르지만 모두가 기아 없는 세상을 만들기 위해 힘을 모으고 있어요.

　식량 위기는 단지 한 나라의 문제로 끝나지 않아요. 그래서 국제기구들의 노력은 매우 중요해요. 우리나라의 기아율은 낮은 편이지만 세계 곳곳에서 일어나는 일들을 보면 식량 문제는 결코 남의 일이 아니라는 것을 알 수 있어요. 여러분은 이런 국제적인 노력 속에서 우리가 어떤 역할을 할 수 있을지 생각해 본 적 있나요?

2 기술이 식량 문제를 해결할 수 있을까?

　우리는 하루 세 끼 맛있는 음식을 먹고 있지만, 아직도 지구 곳곳에서는 배고픔에 시달리는 사람들이 있어요. 기후 변화, 가뭄, 홍수, 전쟁 등으로 농사를 짓기 힘든 지역도 점점 늘고 있지요. 그렇다면 과학과 기술은 이런 식량 위기를 해결하는 데 도움이 될 수 있을까요? 최근에는 푸드 테크(Food-Tech)라는 기술이 주목받고 있어요. 푸드 테크란, 음식(food)과 기술(tech)의 합성어로, 식량을 생산하고 가공한 뒤 소비자에게 유통하는 모든 과정에 정보 통신, 로봇, AI(인공 지능) 등 첨단 기술을 활용하는 걸 말한답니다.

생산·제조 혁신	실내 식물 공장과 푸드 3D프린터 등의 등장으로 맞춤 식재료 공급과 개개인의 건강과 기호에 맞는 요리가 가능하게 되어 소품종 소량 생산이 가능해집니다.
차세대 식품	기후 변화, 농축산업 개발 한계 등 현재의 문제점들을 극복한, 새로운 식품을 만듭니다.
유통 플랫폼 혁신	더욱 정교하고 풍부해진 데이터를 기반으로 한 유통 플랫폼이 만들어지면, 국내뿐 아니라 해외까지 맞춤 판매 시장을 넓힐 수 있습니다.
업무 효율 향상	산업 특성상 사람의 손이 많이 가던 식량 산업과 결합해, 더욱 정교하고 강도 높은 작업을 기계가 대신하여 생산 효율성이 높아집니다.

▲ 푸드 테크로 변화될 미래 식량 산업의 모습

 가장 먼저 주목해야 할 부분은 스마트 농업이에요. 기후 변화로 농사짓기 어려워지면서, 드론이나 AI(인공 지능), 사물 인터넷(IoT: Internet of Things)을 활용해 작물 상태를 실시간으로 살피고 병해충도 빠르게 발견할 수 있는 농업 기술이 개발되고 있어요. 드론으로 넓은 들판을 날아다니며 문제가 있는 작물을 바로 찾아낼 수 있고, 로봇이 드넓은 밭을 다니며 문제가 생긴 부분을 탐지하지요. 이렇게 하면 사람의 힘과 시간을 줄일 수 있어요.

 또 다른 기술은 식물 공장이에요. 식물 공장은 흙없이 작물을 키우는 수경 재배 방식으로, 빌딩 안이나 지하 공간에서 조명과 기계로 농작물을 키우는 공간이에요. 땅이 부족한 도시에서도 농사를 지을 수 있고, 기후 영향을 적게 받아서 언제든지 안정적으로 수확할 수 있어요. 2022년에는 아랍에미리트 두바이에 세계 최대의 수직 농장 '부스

타니카'가 운영을 시작했어요. 아랍어로 '과수원, 정원'을 뜻하는 이 농장은 총 3만㎡로, 사막 한복판에서 깨끗하고 신선한 채소를 키우고 있어요. 이 농장은 수경 재배로 운영되기 때문에 땅에서 채소를 기르는 것에 비해 95%나 물을 절약할 수 있다고 해요.

　3D 프린터로 음식을 만드는 기술도 연구 중이에요. 이미 초콜릿이나 피자, 파스타 등을 만드는 데 성공했어요. 이 기술은 개인의 건강 상태나 영양 상태에 맞춰 음식을 맞춤형으로 만들 수 있어요.

　예를 들어 단백질이 부족한 사람에게는 단백질이 많은 음식 조합을 출력할 수 있지요. 또 우주처럼 식량 조달이 어려운 곳에서도 3D 프린터는 큰 도움이 될 수 있어요. 하지만 이런 방식

으로 사람이 먹을 수 있는 진짜 음식을 만들려면 미국 식품 의약국(FDA)과 유럽 연합(EU)의 승인과 식품 안전 인증 재료를 사용해야 하고, 기계의 코팅과 철저한 세척, 장비의 안전성이 확보되어야 해요. 유해 물질과 박테리아와의 접촉을 차단해야 하기 때문이에요. 우리나라도 2024년에 식품 3D 프린팅 기술에 대한 한국산업표준(KS)이 제정되었어요. 그만큼 개발 경쟁력이 생기겠지만, 실생활에 사용되려면 시간과 노력이 더욱 필요한 상태예요.

곤충 단백질도 새로운 미래 식량으로 떠오르고 있어요. 귀뚜라미나 밀웜은 단백질이 풍부하고, 사료와 물도 적게 들어 환경에 부담을 덜 준다고 해요. 이미 일부 나라에서는 곤충 가루를 넣은 에너지바나 파스타가 판매되고 있어요. 물론 곤충을 먹는다는 것에 거부감을 가진 사람도 많기 때문에 가루로 가공해 음식을 만드는 기술도 함께 발전하고 있답니다.

눈여겨보아야 할 것은 배양육과 대체육이에요. 우리가 먹는 고기는 보통 소나 돼지, 닭을 키워서 얻어요. 그런데 지금과 같은 방식의 축산업은 많은 사료와 물이 필요하고, 동물에서 나오는 메탄가스는 온실가스 중 하나로 지구 온난화의 주범이기도 해요. 이를 해결하기 위해 실험실에서 동물의 세포를 배양해 만든 배양육이 등장했어요. 실제 고기와 비슷한 맛과 질감을 가지면서도, 동물을 키우지 않아 환경 부담이 적어요. 이를 '세포 농업'이라고 하는데, 이는 동물이나 식물을 직접 키우지 않고, 실험실에서 세포만 배양해서 식량을 만들어요. 동물을 기를 농장이나 비료 등 사육 과정이 필요 없어서 환경 오염도 줄고, 동물 복지 문제도 해결할 수 있어요. 배양육 뿐 아니라 달걀, 치즈, 우유도 이 기술로 만들 수 있어요. 아직은 생산 비용이 많이 들고 소비자 인식도 낮지만, 기술이 발전하면 식량 생산 방식이 완전히 바뀔지도 몰라요.

또 하나는 식물성 재료로 만든 대체육이에요. 콩, 밀, 버섯 등을 활용해 만든 이 고기는 고기처럼 생겼지만 동물 없이 만들 수 있지요. '비욘드 미트'나 '임파서블 푸드' 같은 브랜드가 대표적이에요. 지금도 콩고기는 찾는 사람이 꽤 많아요. 건강 때문에, 또는 신념 때문에 채식을 하는 사람들이 늘고 있거든요. 그러면 고기 맛과 질감을 내는 대체 식품인 콩고기를 먹는 것이지요. 산업 발전이 이렇게나 발전되었나 싶을 정도지요? 그만큼 많은 사람들이 식량 위기를 극복하기 위해 엄청난 노력을 하고 있답니다.

이처럼 다양한 푸드 테크가 발전하면서, 우리는 식량 위기를 극복할 새로운 희망을 품게 되었어요. 환경을 덜 해치면서도 안정적이고 건강한 음식을 더 많은 사람에게 공급할 수 있게 도와주는 기술이 바로 미래의 식탁을 바꿀 열쇠가 될 수 있어요. 여러분은 어떤 기술이 가장 흥미롭다고 느꼈나요? 새로운 기술을 통해 앞으로 어떤 음식을 먹게 될지 상상해 보면 정말 신기하지 않나요?

3 음식물 쓰레기를 줄이는 것이 왜 중요할까?

매일 먹는 음식, 다 먹지 못하고 남기거나 버린 적 있지요? 그런데 그 음식들이 쓰레기로 버려지는 일이 반복되면 어떤 일이 벌어질까요? 단순히 아깝다는 문제를 넘어서, 지구 환경을 해치고 식량 위기를 더 심각하게 만드는 원인이 될 수 있어요. 사실 음식물 쓰레기를 줄이는 일은 우리가 지구를 지키는 가장 쉬운 실천 중 하나랍니다.

　식량을 생산하려면 엄청난 양의 물과 에너지, 땅과 노동이 필요해요. 우리가 남기는 밥 한 숟갈, 버려지는 과일 하나도 모두 농부들이 기르고 수확한 귀한 자원이었어요. 그런데 먹지 않고 버려지는 음식은 단순히 쓰레기통에 버려진 것이 아니라 그 음식이 생산되는 과정에서 사용된 물, 에너지, 시간까지 모두 낭비되는 거예요.

　유엔 식량농업기구(FAO)에 따르면 전 세계에서 매년 약 13억 톤의 음식이 버려지고 있다고 해요. 그 음식들이 썩는 과정에서 나오는 메탄가스는 이산화탄소보다도 25배 이상 강력한 온실가스라 지구 온난화를 가속화시킬 수 있어요.

　음식물 쓰레기를 줄이면 기후 변화에도 큰 도움이 돼요. 전 세계 온실가스 배출량 중 약 4분의 1은 식량을 생산하고 소비하는 과정에서 발생하는데, 그중 많은 양이 낭비된 음식 때문이라고 해요. 우리가 먹을 만큼만 식재료를 사고, 또 적당한 양의 음식을 만든 뒤 남기지 않고 다 먹으면 그만큼 온실가스도 줄일 수 있어요. 특히 아직도 하루 세 끼를 제대로 먹지 못하는 사람이 세계 인구의 8%가 넘는 현실에서, 음식 낭비를 줄이는 건 식량 불균형을 해결하는 중요한 열쇠가 될 거예요.

음식물 쓰레기는 경제적으로도 손해가 커요. 한국환경공단의 조사에 따르면 우리나라에서 매년 약 1,500억 원어치의 음식이 쓰레기로 버려진다고 해요. 가정에서 음식을 남기거나 유통기한을 넘겨 버리는 일이 반복되면 가계 지출도 늘어나고 사회 전체의 음식물 쓰레기 폐기 비용도 커져요.

우리 집에서 일주일에 두 봉지의 음식물 쓰레기가 나온다고 생각해 보세요. 그러면 우리 마을에는, 또 우리 도시에서는 몇 봉지의 음식물 쓰레기가 나올지 가늠이 되나요? 나라와 전 세계까지 생각을 넓힌다면 그 양은 어마어마할 거예요.

그렇다면 우리는 일상에서 어떻게 음식물 쓰레기를 줄일 수 있을까요? 첫 번째는 '식사 계획 세우기'예요. 오늘 어떤 음식을 먹을지 미리 정하고 필요한 재료만 구입하면 남는 재료가 줄어들고 낭비도 막을 수 있어요. 계획을 세우지 않은 채 장을 보면 필요 없는 것을 사게 되는데, 이때는 꼭 필요한 것만 리스트로 적어서 사는 것이 좋아요. 이 방법은 가장 쉬우면서도 효과적이에요.

두 번째는 '음식 보관 잘하기'예요. 냉장고 속 음식을 종류별로 정리하고, 유통기한이 가까운 것은 먼저 먹도록 배치하면 음식이 상해서 버리는 일을 줄일 수 있어요. 남은 음식은 냉동하거나 다음 날 다

른 요리로 활용하는 것도 좋아요. 예를 들면 남은 밥은 주먹밥이나 볶음밥으로, 채소는 수프나 전으로 다시 만들 수 있어요. 그러면 다양한 음식을 먹을 수 있고, 식재료는 낭비되는 일이 줄어들 거예요.

세 번째는 '먹을 만큼만 덜어서 먹기'예요. 특히 단체 급식이나 외식할 때는 양 조절이 쉽지 않을 수 있어요. 자신에게 알맞는 양을 덜어 먹는 습관이 필요해요. 만약 음식이 급식실에서 매번 버려지는 밥 한 공기씩만 줄여도 학교 전체에서는 수백 그램의 음식이 낭비되지 않고 절약될 수 있어요. 친구들과 '클린 접시' 캠페인을 해 보는 것도 좋겠지요?

음식물 쓰레기를 줄이는 건 단순히 '아끼자'는 의미를 넘어, 지구 환경을 보호하고, 기후 변화에 대응하며, 식량 불균형을 줄이는 실천이에요. 세계적인 환경운동가 그레타 툰베리도 "기후 문제는 나와 아무 관련이 없다고 생각하면 안 된다. 작은 행동 하나가 변화를 만든다."고 말했어요. 우리가 먹고 버리는 음식이 지구의 미래에 영향을 준다는 것을 잊지 말아야 해요.

여러분도 오늘부터 실천할 수 있어요. 식사 시간에 음식을 적당히 덜어 먹고 장을 보기 전에 냉장고 속을 확인하는 것, 이 작은 습관들이 모이면 지구를 지키는 커다란 힘이 돼요.

4 지구를 살리는 똑똑한 식생활을 시작해요!

우리가 매일 먹는 음식이 지구 환경과 어떤 관계가 있을까요? 사실 음식은 단지 배를 채우는 것이 아니라 자연과 인간이 서로 영향을 주고받는 중요한 연결 고리예요. 자연 생태계에서는 식물, 동물, 사람, 흙, 물이 서로 순환하며 살아가고 있어요. 이런 흐름을 '생태 순환'이라고 해요. 식물이 흙에서 자라면 동물이 그 식물을 먹고, 동물과 식물은 다시 땅으로 돌아가 새로운 생명을 키우는 거예요. 우리의 식생활도 이런 생태 순환 속에 있다는 걸 잊지 말아야 해요.

지속 가능한 식생활이란 자연의 순환을 해치지 않으면서 지구와 사람 모두에게 이로운 방식으로 음식을 소비하는 것을 말해요. 그중 하나가 고기 대신 식물성 식품을 더 많이 먹는 것이에요. 가축을 기르기 위해서는 많은 물과 사료, 땅이 필요하고, 이 과정에서 많은 온실가스가 발생한다고 했지요? 반면 곡물이나 채소는 상대적으로 환경 부담이 적고 건강에도 좋아요. 세계보건기구(WHO: World Health Organization)에서도 지나친 육류 섭취는 심장병과 암 위험을 높인다고 경고했답니다.

메뉴	동물성 식단	식물성 식단 대안	배출량 차이
삼겹살(200g)	7.2kg	두부구이+채소쌈(0.5kg)	-93%
후라이드 치킨(1마리)	5.4kg	병아리콩 너겟(0.8kg)	-85%
불고기 정식(쇠고기 150g)	8.1kg	렌틸콩 불고기(0.6kg)	-92%
달걀(2알)	1.1kg	병아리콩 오믈렛(0.3kg)	-73%
우유(200ml)	0.9kg	두유/귀리 음료(0.2kg)	-78%

▲ 동물성 식단을 식물성 식단으로 바꾸었을 때 줄일 수 있는 탄소 배출량

요즘 많은 사람들이 실천하고 있는 '제로 웨이스트(zero waste)'도 지속 가능한 식생활의 중요한 부분이에요. 제로 웨이스트란 '쓰레기를 최소화하자'는 의미예요. 제로 웨이스트 동맹(ZWIA: Zero Waste International Alliance)에서 정한 제로 웨이스트란, 제품과 포장 등을 태우지 않고 환경이나 사람의 건강을 위협할 수 있는 땅, 물, 공기로 배출하지 않도록 생산과 소비, 회수와 재사용을 통해 자원을 보존하는 것이에요. 이를 우리가 실천할 수 있는 방법은 장을 볼 때 비닐봉지 대신 장바구니나 천 가방을 사용하는 것, 분리수거를 잘하는 것, 쓰레기

를 함부로 버리지 않는 것 등이 있어요.

또 하나 중요한 실천은 로컬 푸드, 즉 지역에서 생산된 식품을 먹는 거예요. 먼 나라에서 수입되는 음식은 비행기나 배를 타고 오기 때문에 운송 과정에서 많은 에너지와 탄소가 발생해요. 하지만 우리가 사는 지역에서 키운 음식은 훨씬 신선하고, 운송 거리도 짧아 탄소 배출이 적어요. 미국 농무부(USDA: United States Department of Agriculture)의 연구에 따르면, 지역 식품을 선택하는 것만으로도 탄소 배출량을 크게 줄일 수 있다고 해요. 제철 음식은 영양가도 더 높고, 지역 경제에도 도움이 되지요.

식품을 계획적으로 구매하고, 남기지 않고 먹는 습관도 중요해요. 오늘 먹을 식단을 미리 정해서 필요한 만큼만 장을 보면 음식물 쓰레기를 줄일 수 있어요. 유엔환경계획(UNEP: United Nations Environment Programme)은 육류와 가공식품 소비를 줄이는 것이 기후 변화 대응에 매우 효과적이라고 밝혔어요. 즉 우리가 선택하는 음식 하나하나가 지구의 환경에 영향을 주고 있다는 뜻이지요.

이런 노력은 혼자만 하는 것보다 가족이나 친구들과 함께 실천할 때 더 큰 힘을 발휘해요. 같이 장을 보거나 음식을 만들 때 제철 재료를 고르고, 포장을 줄이는 것부터 시작해 보세요. 2015년 노벨경제학상 수상자이자 스코틀랜드 출신의 경제학자 앵거스 디턴 교수도 "지역 사회의 협력이 환경 보호와 불평등 해소에 매우 중요하다."고 말했어요. 모두가 함께 실천할 때 진짜 변화가 생긴다는 뜻이지요.

2021년 세계경제포럼(WEF: World Economic Forum)은 "개인의 작은 실천이 모이면 큰 변화를 만든다."며 전 세계 시민들을 대상으로 지속 가능한 식생활 캠페인을 펼쳤어요. 우리가 똑똑한 식습관을 실천한다면 지금보다 더 건강하고, 지속 가능한 미래를 만들 수 있어요. 뭘 먹을지 선택할 때마다 지구에 도움이 되는 결정을 할 수 있다는 점, 참 멋지지 않나요?

식량 위기를 극복하고 지구를 살리는 똑똑한 식생활은 어렵지 않아요. 지금 당장 할 수 있는 작은 실천부터 시작하면 된답니다. 여러분도 오늘부터 먹을 만큼 덜어 먹고, 그래서 음식을 남겨 버리지 않는 것부터 실천해 보면 어떨까요? 그 작은 한 걸음이, 지구를 지키는 커다란 발걸음이 될 거예요.

지금 이 순간부터 시작해 보는 게 어떨까요?

우주에서는 무엇을 먹을까?

여러분은 우주식이 어떤 맛일지 상상해 본 적 있나요? 우주에서는 지구처럼 냉장고도, 식탁도, 심지어 중력도 없어요. 그렇다면 우주 비행사들은 무엇을, 어떻게 먹을까요?

지금 우리가 알고 있는 우주식은 대부분 건조식품이에요. 물이 귀한 우주에서는 음식 속의 수분을 완전히 없앤 뒤, 먹을 때 물을 다시 넣어서 먹어요. 라면 스프처럼요! 미국항공우주국(NASA: National Aeronautics and Space Administration)에서는 밥, 카레, 스파게티, 심지어 김치까지도 동결 건조 기술로 만들어 우주로 가져가고 있답니다. 맛은 어떨까요? "조금 밋밋하지만 익숙한 맛이에요."라고 우주 비행사들이 말했어요.

우주에서는 단순히 배를 채우는 음식만 필요한 게 아니에요. 길게는 몇 달, 몇 년 동안 지내야 하니까 신선한 채소도 먹어야 해요. 그래서 과학자들은 '우주 농장'을 만들고 있어요. 영화 '마션(The Martian)'에서 주인공이 감자를 키운 장면 기억나나요? 그건 영화 속 이야기 같지만, 실제로 국제우주정거장에서도 '베지(Veggie)'라는 실험을 통해 우주에서 상추와 토마토를 키우고 있어요. 빛 대신 LED 조명을 사용하고, 흙 대신

특수한 배양재를 사용해요. 우주에서 자란 상추는 처음엔 모두가 긴장하며 나눠 먹었는데, 정말 상추 맛이 난다며 모두 환호했다고 해요.

NASA뿐 아니라 한국항공우주연구원(KARI: Korea Aerospace Research Institute)과 일본우주항공연구개발기구(JAEA: Japan Aerospace Exploration Agency)에서도 비슷한 연구를 진행 중이에요. 언젠가는 우주 기지에서 자란 채소로 샐러드를 만들어 먹을 수도 있겠지요? 그리고 물을 아끼기 위해 식물에서 증발한 수분을 다시 모아 물로 재사용하는 순

환형 생태 시스템도 함께 연구하고 있답니다. 그야말로 '우주 속 미니 지구'가 만들어지고 있는 셈이에요.

또 한 가지 재미있는 시도는 3D 프린터 음식이에요. NASA는 '푸드 프린터'를 이용해 우주 비행사들이 다양한 음식을 출력해 먹을 수 있도록 실험하고 있어요. 반죽이나 재료를 프린터에 넣으면 스파게티나 피자를 바로 만들어 주는 거예요. 우주에서도 "오늘은 피자 파티 할까?"라는 말이 현실이 될지도 몰라요.

앞으로 인류가 화성이나 달에 오래 머물게 된다면, 우주식은 더욱 다양해질 거예요. 지구에서 재배한 작물을 말려 보낼 수도 있지만, 현지에서 직접 키워 먹는 '우주 자급자족 식단'이 목표예요. 그렇게 된다면 우주 여행은 더 이상 영화 속 이야기가 아니라 우리의 미래가 될지도 몰라요. 여러분이라면 우주에서 어떤 음식을 가장 먹어 보고 싶나요?

27 식량 위기

글 남지현·남재철   그림 방상호

1판 1쇄 인쇄 | 2025년 11월 28일
1판 1쇄 발행 | 2025년 12월 10일

펴낸이 | 김영곤
TF팀 팀장 | 김종민
기획편집 | 양선희   **마케팅**   정성은 김지선
북디자인 | designS   **외주편집**   이정은
영업팀 | 정지은 한충희 남정한 장철용 강경남 황성진 김도연 이민재
제작팀 | 이영민 권경민

펴낸곳 | (주)북이십일 을파소
등록번호 | 제406-2003-061호   **등록일자** | 2000년 5월 6일
주소 | 경기도 파주시 회동길 201(문발동) (우 10881)
전화 | 031-955-2401(기획개발), 031-955-2100(마케팅·영업·독자문의)
팩시밀리 | 031-955-2421
브랜드 사업 문의 | license21@book21.co.kr

ⓒ 남지현·남재철, 2025

ISBN 979-11-7357-639-3   43300

* 책 값은 뒤표지에 있습니다.
* 이 책 내용의 일부 또는 전부를 재사용하려면 반드시 (주)북이십일의 동의를 얻어야 합니다.
* 잘못 만들어진 책은 구입하신 서점에서 교환해 드립니다.

- 제조자명: (주)북이십일
- 주소 및 전화번호: 경기도 파주시 회동길 201(문발동) / 031-955-2100
- 제조연월: 2025. 12. 10.
- 제조국명: 대한민국
- 사용연령: 8세 이상 어린이 제품

✦ 함께 읽어 보세요! ✦

정재승의 인간 탐구 보고서 ①~⑱권

신비로운 인간의 뇌를 연구하는
정재승 교수의 지식 교양 탐구 보고서!

기획 정재승 | 글 정재은 | 그림 김현민 | 심리학 자문 이고은

정재승의 인류 탐험 보고서 ①~⑩권

수백만 년 인류 역사 속에서 찾은
뇌과학X생물인류학의 찐~한 재미!

글 차유진·정재승 | 그림 김현민 | 감수 백두성

시리즈 완간

ⓞⓥⓒ 아울북 비주얼 클래식
레 미제라블 ①권

만화로 쉽게, 명작으로 깊게!

빅토르 위고의 명작 《레 미제라블》,
재미있는 만화와 독후 활동을 통해
아이들의 읽는 힘을 길러 주세요!

원작 빅토르 위고 | 글 안경순 | 그림 연무

정일영 선생님이 들려주는
《레 미제라블》

※ 교보문고, 예스24, 알라딘, 쿠팡 등 온라인 서점 및 전국 오프라인 서점에서 만나볼 수 있습니다.

✦ 함께 읽어 보세요! ✦

마법천자문 ①~68권

문해력의 시작은 한자!

손오공의 일촉즉발 한자 대모험!
읽기만 해도 마법처럼 한자가 저절로 기억됩니다!

글 유대영 외 | 그림 정수영 | 감수 강용철 외

①권

아울북의 새로운 손오공 등장!

슈퍼만렙 손오공의 실크로드 원정대!
고전 소설 서유기가 신나는 모험으로
다시 태어났어요!

글 김언정 | 그림 정수영

30초로 보는
몽스터즈

※ 교보문고, 예스24, 알라딘, 쿠팡 등 온라인 서점 및 전국 오프라인 서점에서 만나볼 수 있습니다.